汽车拆装技术与操作
（第2版）

主　编　刘　凯　苗　莹

参　编　李　赫　单丽清
　　　　邹玉清　曹　阳

书籍码　PUSKEW24V

北京理工大学出版社
BEIJING INSTITUTE OF TECHNOLOGY PRESS

版权专有　侵权必究

图书在版编目（CIP）数据

汽车拆装技术与操作 / 刘凯，苗莹主编. — 2 版. — 北京：北京理工大学出版社，2019.10

ISBN 978-7-5682-7816-4

Ⅰ. ①汽…　Ⅱ. ①刘…②苗…　Ⅲ. ①汽车-装配（机械）-高等职业教育-教材　Ⅳ. ①U463

中国版本图书馆 CIP 数据核字（2019）第 241973 号

出版发行 / 北京理工大学出版社有限责任公司
社　　址 / 北京市海淀区中关村南大街 5 号
邮　　编 / 100081
电　　话 / （010）68914775（总编室）
　　　　　（010）82562903（教材售后服务热线）
　　　　　（010）68948351（其他图书服务热线）
网　　址 / http：//www.bitpress.com.cn
经　　销 / 全国各地新华书店
印　　刷 / 河北盛世彩捷印刷有限公司
开　　本 / 787 毫米×1092 毫米　1/16
印　　张 / 11　　　　　　　　　　　　　　　　　　责任编辑 / 高雪梅
字　　数 / 256 千字　　　　　　　　　　　　　　　文案编辑 / 高雪梅
版　　次 / 2019 年 10 月第 2 版　2019 年 10 月第 1 次印刷　责任校对 / 周瑞红
定　　价 / 49.80 元　　　　　　　　　　　　　　　责任印制 / 李志强

图书出现印装质量问题，请拨打售后服务热线，本社负责调换

前　言

本书主要介绍汽车常用工量具和仪器的使用、发动机的随车拆装、配气机构的拆装、曲柄连杆机构的拆装、冷却系统的拆装、润滑系统的拆装、起动系统的拆装、点火系统的拆装、供给系统的拆装、底盘传动系统的拆装、行驶系统的拆装、转向系统的拆装、制动系统的拆装、汽车车身保险杠的拆装、汽车内饰件的拆装、汽车电气系统的拆装。书中应用了大量图片，通过生动、活泼、富有启发性的教学方式讲授汽车结构。本书重点培养学生的操作技能，编写过程中力求体现以下特色：

（1）执行新标准。本书依据最新教学标准和课程大纲要求，对接职业标准和岗位需求，以培养技能型人才。

（2）体现新模式。本书采用理实一体化的编写模式，把汽车结构与拆装等知识有机结合起来，突出"做中教，做中学"的职业教育特色。

（3）教学任务明确。每项任务都有任务书，使师生在从事每一项教学任务前就明确教与学的目标，从而有利于师生高效地完成每一项教学任务。

（4）图文并茂，通俗易懂。根据高职学生知识现状与认知特点，使用大量的图片，配合少量的文字描述，力求知识的简单化，使教学内容通俗易懂。

本书共分为5个项目，由刘凯和苗莹担任主编，李赫、单丽清和宋震宇担任副主编，其中项目一、项目二由刘凯、苗莹编写，项目三、项目四、项目五由李赫、单丽清、宋震宇编写。曹阳和邹玉清在文字、图片编辑中做了大量工作。

本书在编写过程中参考了许多相关的著作、论文及网络资料，在此谨向原作者表示真诚感谢。由于编者水平有限，书中不足之处在所难免，恳请读者提出宝贵意见。

编　者

目录

项目一 汽车拆装基本知识 001
 任务1.1 汽车拆装的原则及规程 001
  1.1.1 任务引入 001
  1.1.2 任务目标 001
  1.1.3 相关知识 001
  1.1.4 任务实施 004
  1.1.5 检测评价 007
  1.1.6 学习心得 007
 任务1.2 汽车拆装常用工具的使用 007
  1.2.1 任务导入 007
  1.2.2 任务目标 008
  1.2.3 相关知识 008
  1.2.4 任务实施 008
  1.2.5 检测评价 023
  1.2.6 学习心得 023

项目二 汽车发动机的拆装 024
 任务2.1 发动机总成的拆装 025
  2.1.1 任务引入 025
  2.1.2 任务目标 025
  2.1.3 相关知识 025
  2.1.4 任务实施 028
  2.1.5 检测评价 034
  2.1.6 学习心得 035
 任务2.2 配气机构的拆装 035
  2.2.1 任务引入 035
  2.2.2 任务目标 036
  2.2.3 相关知识 036
  2.2.4 任务实施 038
  2.2.5 检测评价 045

2.2.6 学习心得 ·· 046

任务2.3 曲柄连杆机构的拆装 ·· 046
 2.3.1 任务引入 ·· 046
 2.3.2 任务目标 ·· 046
 2.3.3 相关知识 ·· 046
 2.3.4 任务实施 ·· 047
 2.3.5 检测评价 ·· 054
 2.3.6 学习心得 ·· 055

任务2.4 冷却系统的拆装 ··· 055
 2.4.1 任务导入 ·· 055
 2.4.2 任务目标 ·· 055
 2.4.3 相关知识 ·· 055
 2.4.4 任务实施 ·· 056
 2.4.5 检测评价 ·· 060
 2.4.6 学习心得 ·· 061

任务2.5 润滑系统的拆装 ··· 061
 2.5.1 任务引入 ·· 061
 2.5.2 任务目标 ·· 061
 2.5.3 相关知识 ·· 061
 2.5.4 任务实施 ·· 062
 2.5.5 检测评价 ·· 066
 2.5.6 学习心得 ·· 066

任务2.6 起动系统和点火系统的拆装 ··· 066
 2.6.1 任务引入 ·· 066
 2.6.2 任务目标 ·· 067
 2.6.3 相关知识 ·· 067
 2.6.4 任务实施 ·· 068
 2.6.5 检测评价 ·· 073
 2.6.6 学习心得 ·· 074

任务2.7 燃油供给系统的拆装 ·· 074
 2.7.1 任务引入 ·· 074
 2.7.2 任务目标 ·· 074
 2.7.3 相关知识 ·· 074
 2.7.4 任务实施 ·· 075
 2.7.5 检测评价 ·· 079
 2.7.6 学习心得 ·· 079

项目三 汽车底盘总成的拆装 ·· 080
 任务3.1 传动系统的拆装 ··· 080
  3.1.1 任务引入 ·· 080

  3.1.2　任务目标 ··· 080
  3.1.3　相关知识 ··· 080
  3.1.4　任务实施 ··· 081
  3.1.5　检测评价 ··· 109
  3.1.6　学习心得 ··· 109
 任务3.2　行驶系统的拆装 ·· 109
  3.2.1　任务引入 ··· 109
  3.2.2　任务目标 ··· 109
  3.2.3　相关知识 ··· 110
  3.2.4　任务实施 ··· 111
  3.2.5　检测评价 ··· 116
  3.2.6　学习心得 ··· 116
 任务3.3　转向系统的拆装 ·· 116
  3.3.1　任务引入 ··· 116
  3.3.2　任务目标 ··· 117
  3.3.3　相关知识 ··· 117
  3.3.4　任务实施 ··· 118
  3.3.5　检测评价 ··· 123
  3.3.6　学习心得 ··· 123
 任务3.4　制动系统的拆装 ·· 123
  3.4.1　任务引入 ··· 123
  3.4.2　任务目标 ··· 123
  3.4.3　相关知识 ··· 124
  3.4.4　任务实施 ··· 126
  3.4.5　检测评价 ··· 130
  3.4.6　学习心得 ··· 130

项目四　汽车车身附件的拆装 ·· 131
 任务4.1　汽车保险杠的拆装 ·· 131
  4.1.1　任务引入 ··· 131
  4.1.2　任务目标 ··· 131
  4.1.3　任务实施 ··· 131
  4.1.4　检测评价 ··· 136
  4.1.5　学习心得 ··· 137
 任务4.2　汽车内饰件的拆装 ·· 138
  4.2.1　任务引入 ··· 138
  4.2.2　任务目标 ··· 138
  4.2.3　任务实施 ··· 138
  4.2.4　检测评价 ··· 144
  4.2.5　学习心得 ··· 144

项目五　汽车电气系统的拆装 ·· 145
　任务5.1　转向变光开关的拆装 ·· 145
　　5.1.1　任务引入 ··· 145
　　5.1.2　任务目标 ··· 145
　　5.1.3　相关知识 ··· 145
　　5.1.4　任务实施 ··· 146
　　5.1.5　检测评价 ··· 151
　　5.1.6　学习心得 ··· 152
　任务5.2　仪表总成的拆装 ·· 152
　　5.2.1　任务引入 ··· 152
　　5.2.2　任务目的 ··· 152
　　5.2.3　相关知识 ··· 152
　　5.2.4　任务实施 ··· 153
　　5.2.5　检测评价 ··· 165
　　5.2.6　学习心得 ··· 165
参考文献 ··· 166

项目一
汽车拆装基本知识

项目描述

拆卸与装配在整个汽车修理工作中具有十分重要的地位。实践证明,有了合格的零件,不一定能装配出合格的汽车。由于装配不良,往往使零件与零件之间不能保持正确的位置及配合关系;由于拆卸不当,又会使零件造成不应有的缺陷,甚至损坏零件。这样不仅浪费工时,而且直接影响修理的质量、修理的成本以及汽车的使用寿命,并且汽车拆卸与装配在整个汽车维护与修理作业中占有很大的比重,所以,它是汽车维修过程的重要环节。因此,在努力实现拆卸与装配机械化的基础上,必须掌握正确进行拆装作业的知识与技能。

任务1.1 汽车拆装的原则及规程

1.1.1 任务引入

本次任务主要研究怎么拆?怎么装?拆装、检修、测量的基本要领是什么?汽车拆装维修车间现场怎样管理?通过收集汽车拆装工艺的作业关键点,展开讨论,明确主要任务,说明生产过程和工艺过程,学习基本原理知识,熟悉规范操作流程,掌握汽车拆装工艺规范及基本技能。

1.1.2 任务目标

1. 职业目标

(1)熟悉汽车拆装应遵循的原则及规程。
(2)熟悉和掌握汽车拆装工艺流程。

2. 素质目标

(1)培养学生爱岗敬业的工匠精神,培养爱国主义精神。
(2)熟悉和掌握安全操作常识及职业守则,培养文明生产的良好习惯。

1.1.3 相关知识

1. 汽车拆装工艺流程

汽车拆装实训主要包括汽车发动机、汽车底盘及汽车电气设备等部件总成从车上拆卸、分解、清洁、检查、组装、安装、调试及整车二级维护,其工艺流程主要包括以下4个步骤。

（1）确认问题/症状：确认是否发生故障，分析故障原因，确定某个总成是否需要大修。

（2）拆卸/分解：把总成从汽车上拆卸下来，分解总成，以便进行检查、调整或修理。

（3）清洁/检查：清洁已分解的部件，用合适的方法测量或检查，核实检查发现的问题是否为故障的原因。

（4）装配/安装：参照《维修手册》，用正确的方法按程序进行组装；工作完成后，重新检查原始故障以确定故障是否被排除。

2. 按需要进行拆卸

零部件经过拆卸，往往容易产生变形和损坏，特别是紧配合件更是如此。不必要的拆卸不仅会缩短汽车的使用寿命，而且会增加修理成本、延长修理工期。因此，应防止盲目地大拆大卸。如果可以通过不拆卸检查就能判定零件的技术状况是否符合要求，那么就尽量不拆卸，以免损坏零件。

3. 掌握正确的拆卸方法

为了提高拆卸工效，减少零部件的损伤和变形，需要使用相应的专用工具和设备，严禁任意敲击和撬打。例如：拆卸紧配合件时，应尽量使用压力机和顶拔器；拆卸螺栓连接件时，要选用适当的工具，依螺栓紧固的力矩大小优先选用套筒扳手、梅花扳手和呆扳手，尽量避免使用活扳手和手钳，以免损坏螺母和螺栓的六角棱，给下次的拆卸带来不必要的麻烦。另外，应充分利用汽车大修配备的拆卸工具，由表及里按顺序逐级拆卸。一般先拆车厢、外部线路、管路、附件等，然后按"机器—总成—部件—组合件—零件"的顺序进行拆卸。

4. 拆卸时要为重新装配做好准备

（1）拆卸时要注意检查校对装配标记。为了保证一些组合件的装配关系，在拆卸时应对原有的记号加以校对和辨认；没有记号或标记不清的，应重新检查并做好标记。有的组合件是分组选配的配合副，或是在装合后加工的不可互换的组合件。例如：轴承盖和连杆盖等，它们都是与相应的组合件一起加工的，均为不可互换的组合件，必须做好装配标记，否则将破坏它们的装配关系甚至动平衡。

（2）零件要分类顺序摆放。为了便于清洗、检查和装配，零件应按照不同的要求分类顺序摆放；否则，零件胡乱堆放在一起，不仅容易相互撞伤，而且会在装配时造成错装或找不到零件的麻烦。

为此，应按照零件的大小和精度归类分格存放。同一总成、部件的零件应集中在一起放置；不可互换的零件应成对放置；易变形、易丢失的零件应专门放在相应的容器里。

5. 螺纹连接件的拆卸

拆卸连接件时，最常见的是螺纹连接件。一般说来，螺纹连接件的拆卸是比较容易的，但是，如果不重视拆卸方法，也会造成零件的损伤。

（1）螺纹连接件的拆卸应采用合适的套筒扳手或固定扳手（根据螺栓上紧固力矩的大

小，依次选用套筒扳手、梅花扳手和呆扳手）。当拆卸有困难时，应分析难拆的原因，不能蛮干。不应任意加长扳手以增大拆卸力矩，否则会造成连接件的损坏或拧断螺栓。双头螺柱的拆卸要用专用的拆卸工具；在缺乏专用工具时，也可以在双头螺柱的一端拧上一对螺母，互相锁紧，然后用扳手把它连同螺栓一起旋下。

（2）锈死螺栓的拆卸。拆卸锈死螺栓可采用下列方法：将螺栓拧紧再退回，反复松动，逐渐拧出；用锤子振击螺母，借以振碎锈层，以便拧出；在煤油中浸泡 20～30 min，让煤油渗到锈层中去，使锈层变松，以便拧出；用喷灯加热螺母，使其膨胀，趁螺栓尚未加热时，迅速拧出。有条件的以使用除锈剂为最佳。

（3）断头螺栓的拆卸原则是在断头螺栓上加工出一个能承受力矩的部位，然后拧出。如果断头露在外面，则可将其凸出部分锉成一个方形，用扳手拧出；如果断头在螺栓孔内，则可在螺栓端面钻出一个小孔，然后用反扣丝锥将其旋出，或者在小孔内揳入一个多棱体，然后将其拧出；如果断头与零件平齐，则可在断口处焊上一个螺母，然后将其拧出。

（4）螺栓组与螺母组的拆卸。由多个螺栓或螺母连接的零件在拆卸时，为了防止受力不均匀而造成零件变形和损坏，应首先将每一个螺栓或螺母拧松，并尽量对称拆卸。应先拆下难拆的螺栓或螺母，否则会由于微量变形的产生和零件位置的移动而使其变得更加难拆。对于拆卸后会因受重力而下落的零件，应使最后拆下来的螺纹连接件具有拆卸方便且又能保持平衡的能力。

6. 5S 理念

5S 由 5 个词汇，即整理（Seiri）、整顿（Seiton）、清扫（Seiso）、清洁（Seiketsu）和素养（Shitsuke）的首字母构成，它是保持维修车间环境，实现轻松、快捷和可靠（安全）工作的关键。

（1）整理。将工作场所的所有物品区分为有必要与没有必要的，除了有必要的留下来以外，其他的都清除掉或放置在其他地方。

（2）整顿。将留下来的必要物品定点定位放置并放置整齐，必要时加上标识，以方便使用。

（3）清扫。将工作场所及工作用的设备清扫干净，保持工作场所干净、整洁。

（4）清洁。这是一个努力保持整理、整顿和清扫状态的过程，目的是防止任何可能出现的问题的发生。

（5）素养。使每位成员养成良好的习惯，并遵守规则做事，培养主动积极的精神。

7. 拆装注意事项

（1）发动机拆卸前必须放出冷却液和机油，释放燃油压力。

（2）发动机的拆卸必须在完全冷却的状态下进行，以免机件变形。

（3）发动机起吊时必须连接牢固，以确保起吊的安全性。

（4）使用千斤顶等举升机时，必须确保支撑点的正确无误，并使支撑稳固、可靠，否则不得进入车下进行操作。

（5）吊装发动机等总成时，必须由专人负责指挥，操作过程中不可将手脚伸入易被挤压的部位，以免发生危险。

（6）汽车总成解体时，应使用专用工、机具按照分解顺序进行；对较难拆卸的零件，必须采用合理、有效的方法，不得违反操作规程。

（7）对于螺纹连接件的拆卸，应选用合适的呆扳手、梅花扳手或套筒扳手及专用工具，不可使用活扳手或手钳，以免损伤螺母或螺栓头的棱角。

（8）对重要件的拆卸，首先要熟悉其结构，并按照合理的工艺规程进行。

（9）拆卸蓄电池接线柱引线时，应拉动插座本体，以免损坏引线。

（10）在任何零件的加工面上锤击时，都必须垫以软金属或垫棒，不可用锤子直接敲打。

（11）所有零件在组装前必须经过彻底的清洗并用压缩空气吹干，经检验确认合格后方可装配。

（12）凡是螺栓和螺母所使用的平垫圈、弹簧垫圈、锁止垫圈、开口销、垫片及其他金属索线等，必须按照规定装配齐全。主要螺栓的螺纹紧固后，杆部应伸出螺母1~3扣；一般螺栓允许螺纹不低于螺母上平面。

（13）对于螺栓和螺柱，如果有变形，则不可再用；当螺纹断扣、滑牙不可修复时，都应进行更换。

（14）使用手电钻、台钻、砂轮机和空气压缩机等机具时，必须严格遵守有关的安全操作规程，防止发生安全事故。

1.1.4 任务实施

1. 螺栓的拆装

（1）螺栓：当部件用多个螺栓安装时，遵照以下各点能防止损坏和事故（受伤）发生，也有助于顺利地完成工作，如图1-1所示。

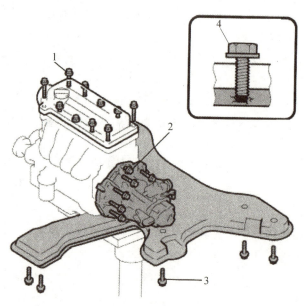

图1-1 螺栓拆卸和安装要点

1—松动和紧固顺序；2—防止部件掉落；3—注意工作方法；4—安装螺栓的预防措施

（2）塑性域螺栓：塑性域螺栓能提供加强的轴向张紧力和稳定性，在某些发动机中用作气缸盖螺栓和轴承盖螺栓，拧紧塑性域螺栓的方法不同于拧紧普通螺栓，如图1-2所示。

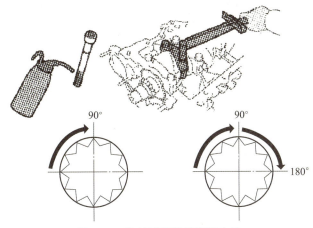

图1-2 塑性域螺栓的紧固方法

①在螺栓上和螺栓头部的下面涂抹薄薄一层机油。
②安装并用力均匀地拧紧螺栓。
③给每一只螺栓做油漆标记。
④紧固螺栓到规定的角度。
⑤检查油漆标记的位置。

2. 零件间隙的测量

零件间隙是指零件之间适度的空间，确保机油在这些间隙中进行润滑，而且，保持合适的间隙能防止卡死和噪声。为了保持合适的间隙，经常需要调节间隙至规定值或通过更换部件恢复正常值。通过测量两个零件的尺寸计算间隙，如图1-3所示。测量外径和内径，间隙＝外径－内径；测量零件的厚度和环槽宽度，间隙＝环槽宽度－厚度。

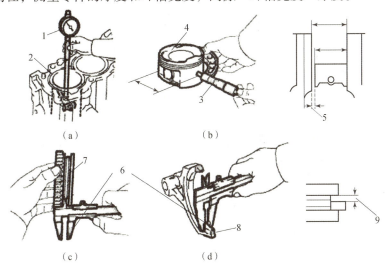

图1-3 用计算测量的方法测间隙
（a）内径；（b）外径；（c）环槽间隙；（d）厚度
1—量缸表；2—气缸体；3—测微计；4—活塞；5,9—间隙；6—游标卡尺；7—毂套；8—换挡拨叉

3. 分配任务

每 10 人一组,每组选出一名负责人,负责人对小组任务进行分配。组员按负责人要求完成相关任务内容,并将自己所在小组及个人任务内容填入表 1–1 中。

表 1–1 任务决策表

序号	小组任务	个人任务	负责人
1			
2			
3			
4			
5			
6			
7			
8			
9			
10			

4. 制订计划

根据任务内容制订拆卸计划,简要说明任务实施过程及注意事项,并填入表 1–2 中。

表 1–2 任务计划表

车型:		工作内容:	
序号	工作步骤	工具/辅具	注意事项
1			
2			
3			
4			
5			
6			
7			
8			

1.1.5 检测评价

评价内容见表 1-3。

表 1-3 评价表

序 号	考核内容	配分	评分标准	得分
1	拆卸顺序	20	拆卸方法不正确扣 10 分，不做标记、摆放不按顺序扣 10 分	
2	测量方法	20	测量方法不正确扣 10 分，测量工具使用不正确扣 10 分	
3	汽车装配基本知识	20	装配的顺序不正确扣 10 分，清洁不当扣 10 分	
4	拆卸过程中的注意事项	20	操作不正确每次扣 5 分	
5	实训场地 5S，安全用电，防火，无人身、设备事故	20	因操作不当发生重大事故，此次实训按 0 分计	
分数总计		100		

1.1.6 学习心得

形式：总结	
时间：10 min	
记录：	

⚙ 任务 1.2　汽车拆装常用工具的使用

1.2.1　任务导入

在汽车拆装过程中会用到各种工具和测量仪器，这些工具有特殊的使用方法，只有使用得当才能保证工作的安全和准确。怎样选用？怎样正确使用？在使用过程中需要注意什么？下面将介绍汽车维修常用工具、量具和维修检测设备的使用规范。

1.2.2 任务目标

1. 职业目标

（1）熟悉各种常用维修工量具的使用及注意事项。
（2）掌握正确使用各种常见通用维修工量具的方法。

2. 素质目标

（1）熟悉和掌握安全操作常识及职业守则，培养文明生产的良好习惯。
（2）培养学生 5S 管理意识，保持工作场地清洁。
（3）培养学生脚踏实地，精益求精的良好工程品质。

1.2.3 相关知识

1. 了解工量具正确的用法和功能

每件工具和测量仪器均有各自的功能和正确用法。如果用于规定之外的用途，工具或测量仪器会损坏，而且零件也会损坏或者导致工作质量降低。

2. 工量具的正确选择

尺寸、位置和其他条件不同时，可以采用不同的工具松开螺栓。要根据零件形状和工作场地选择适合的工具。

3. 力争始终保持摆放有序

工具和测量仪器要放在容易拿到的位置，使用后要放回原来的正确位置，力争做到始终摆放有序。

4. 严格坚持工具的维护和管理

工具要在使用后立即清洁，并在需要的位置涂油。如需要修理就要立即进行，这样工具就可以永远处于完好的状态。

1.2.4 任务实施

1. 常用工具

1）套筒、套筒扳手

套筒的使用

套筒是套筒扳手的简称，是上紧或拧松螺钉的一种专用工具，由数个内六棱形套筒和一个或几个套筒的手柄构成。套筒的内六棱根据螺栓的型号依次排列，可以根据需要选用。

套筒呈短管状，一端内部呈六角形或十二角形，用来套住螺栓头；另一端有一个正方形的头孔，该头孔用来与配套手柄的方榫配合，如图 1-4 所示。

套筒扳手是由多个带六角孔或十二角孔的套筒和手柄、接杆等多种附件组成，特别适用于拧转位于十分狭小或凹陷很深处的螺栓或螺母，如图 1-5 所示。

2）扳手

开口扳手的使用

扳手是一种常用的安装与拆卸工具，是利用杠杆原理拧转螺栓、螺钉、螺母和其他螺纹紧固螺栓或螺母的开口或套孔固件的手工工具。

图 1-4　套筒

图 1-5　套筒扳手

（1）呆扳手。呆扳手又称为开口扳手（或称为死扳手），如图 1-6 所示，主要分为双头呆扳手和单头呆扳手。呆扳手主要适用于无法使用套筒扳手和梅花扳手操作的位置。

（2）梅花扳手。梅花扳手两端呈花环状，如图 1-7 所示，其内孔是由两个正六边形相互同心错开 30°而成的。很多梅花扳手都有弯头，常见的弯头角度在 10°～45°，从侧面看，旋转螺栓部分和手柄部分是错开的。这种结构方便用于拆卸装配在凹陷空间的螺栓和螺母，并可以为手指提供操作间隙，防止擦伤。在补充拧紧和类似的操作中，可以使用梅花扳手对螺栓或螺母施加大力矩。梅花扳手有多种规格，使用时要选择与螺栓或螺母大小对应的扳手。

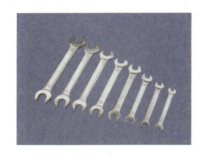

图 1-6　呆扳手　　　　　　　　　图 1-7　梅花扳手

（3）两用扳手也称组合扳手，是把梅花扳手和开口扳手组合在一起，一端为开口端，另一端为梅花端，这种组合扳手使用起来十分方便，如图 1-8 所示。在紧固过程中，可先使用开口端把螺栓旋到底，再使用梅花端完成最后的紧固，而拧松时则先使用梅花端。不可使用开口端作最后的拧紧，如果必须使用开口扳手作最后拧紧，要完全按照螺栓或螺母扭矩要求，不能过大，否则会导致螺栓棱角损坏。

（4）内六角扳手的规格以六角形对边尺寸 S（mm）表示，常有 3～27 mm 等尺寸。汽车维修作业中用成套内六角扳手，可供拆装 M4～M30 的内六角螺栓。长端的尾部设计成球形，有利于内六角扳手从不同角度操作，便于狭小角度空间使用，如图 1-9 所示。

3）钳子

钳子用于弯曲较小的金属材料，夹持扁形或圆形零件，切断软的金属丝等。在汽车维修中，常用的类型有鲤鱼钳、钢丝钳、尖嘴钳、斜口钳、水泵钳、大力钳、管钳、卡簧钳、剥丝钳等，如图 1-10 所示。

应根据在汽车维修中所要达到的不同目的来选用不同种类的钳子，并且还要考虑工作空间的大小等因素。

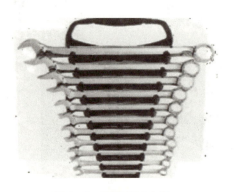

图 1-8　两用扳手套装

图 1-9　成套的内六角扳手

（1）鲤鱼钳也称鱼嘴钳，钳头的前部是平口细齿，适用于夹捏小零件，中部凹口粗长，用于夹持圆柱形零件，也可以代替扳手旋小螺栓、小螺母，钳口后部的刃口可剪切金属丝，如图 1-11 所示，其规格以钳长来表示，一般有 165 mm、200 mm 两种，用 50 号钢制造。鲤鱼钳的手柄一般较长，可通过改变支点上槽孔的位置来调节钳口张开的程度。在用钳子夹持零件前，必须用防护布或其他防护罩遮盖易损坏件，防止锯齿状钳口对易损件造成伤害，如图 1-12 所示。

图 1-10　各种钳子

图 1-11　鲤鱼钳

（2）钢丝钳是最常见的一种钳子，如图 1-13 所示，它可以用来切断金属丝或夹持零件。使用钢丝钳时，用手握住钳柄后端，使钳口开闭，钳口前端主要用于夹持各种零件，根部的刃口可用来切割细导线，其规格以钳长表示。当钢丝钳切断较硬的钢丝等物体时，禁止使用锤子击打钳子来增加切削力，这样会损坏钢丝钳。

图 1-12　鲤鱼钳的使用方法

图 1-13　钢丝钳

（3）尖嘴钳如图1-14所示，钳口长而细，特别适合在狭窄空间里使用。在狭窄的空间中，钢丝钳无法满足工作条件时，可用尖嘴钳代替。严禁对尖嘴钳的钳头部位施加过大的压力，这样会使尖嘴钳的钳口尖部扩张成U形。

（4）斜口钳也称剪钳，主要用于切割金属丝或导线，如图1-15所示。斜口钳的钳口有刃口，且尖部为圆形，不具备夹持零件的作用，只能用于切割金属丝或导线。斜口钳可以剪切钢丝钳和尖嘴钳不能剪切的细导线或线束中的导线，严禁用来切割硬的或粗的金属丝，否则会损坏刃口。

图1-14 尖嘴钳

图1-15 斜口钳

（5）水泵钳，也称鸟嘴钳，结构与作用同鲤鱼钳相似，这两种钳子在有些资料中统称为多位钳，如图1-16所示。在实际维修中，鲤鱼钳和水泵钳可用于拆卸散热器软管和制动系统活塞复位。严禁把鲤鱼钳和水泵钳当成扳手使用，因为锯齿状钳口会损坏螺栓或螺母的棱角。

（6）大力钳具有双杠杆作用，能通过钳爪给工件施加一个较大的夹紧力，如图1-17所示。钳爪的开口尺寸可通过手柄末端的滚花螺钉来调节，如图1-18所示。向外旋松调整螺钉时，钳口张开的尺寸增大；向里旋紧调整螺钉时，钳口张开的尺寸将减小。当使用大力钳夹紧物体时，如果想释放被夹持的物体，扳压一下释放手柄，在杠杆力的作用下，钳口将会释放工件。在实际维修中，大力钳主要用于夹紧头部已损伤的螺钉并进行拆卸，另外大力钳还具有临时固定等待焊接的钣金件等作用。除非螺栓、螺母的棱角已经损坏，无法使用正常扳手拆卸，否则不要使用大力钳，因为大力钳会加剧螺栓、螺母的损坏程度。

图1-16 水泵钳

图1-17 大力钳

(7)管钳主要用于扳动管状零件,管钳的头部有活动钳口和固定钳口两种。管钳头部的钳爪开口成 V 形,当管钳卡在管子上时,V 形开口设计会让锯齿状的钳爪夹紧管状零件。管钳头部的钳爪表面经过淬火加硬处理并做成锯齿状,以便卡紧管状零件。活动钳口可根据使用的情况进行调整,工作原理类似于活动扳手,如图 1-19 所示。

图 1-18　大力钳的滚花螺钉　　　　　　　　图 1-19　管钳

(8)卡簧钳是专门用来拆卸和安装卡簧的工具,如图 1-20 所示。卡簧(弹性挡圈)装在轴或孔的卡簧槽里,起定位或阻挡作用。根据使用范围不同,卡簧钳分为轴用和孔用两种。这两种卡簧钳均有直嘴和弯嘴两种结构形式。轴用卡簧钳可用于将卡簧胀开,以便将卡簧从轴上拆下。孔用卡簧钳可以将卡簧收缩,以便将卡簧从轴孔内取出。在拆卸卡簧时,可先使用卡簧钳将卡簧旋转后再进行拆卸,避免因工件生锈而增加操作难度。

(9)剥丝钳可剥离塑料或橡胶绝缘导线的绝缘层,切断不同规格的常用铜、铝芯导线,如图 1-21 所示。

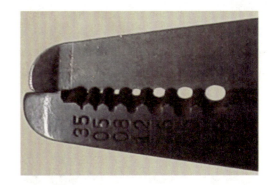

图 1-20　卡簧钳　　　　　　　　图 1-21　剥丝钳

4)锤子

锤子也称榔头或手锤,属于捶击类工具,如图 1-22 所示。主要用于捶击錾子、冲子等工具或用来敲击工件,使工件变形、产生位移或振动,从而达到校正、整形等目的,如图 1-23 所示。锤子按锤头形状不同可分为圆头锤、方锤、钣金锤等,按锤头材料不同可分为铁锤、软面锤(木槌、橡胶锤、塑料锤)等。铁锤的规格一般用其质量表示,常用的有 0.25 kg、0.5 kg 和 1 kg 等。

项目一　汽车拆装基本知识

图 1-22　锤子

图 1-23　橡胶锤

5）锉刀

锉削是用锉刀对工件表面进行切削加工，使工件达到所要求的尺寸、形状和表面粗糙度的操作。锉刀是有大量切削齿的切削工具，如图 1-24 所示。

图 1-24　锉刀

2. 常用量具

1）钢直尺

钢直尺是最基本的测量工具，它一般用于精度要求不高的测量。一般使用的钢直尺的长度为 150～300 mm，最长为 2 m。钢直尺的最小刻度分为 1 mm 或 0.5 mm 两种，如图 1-25 所示。

图 1-25　钢直尺

（1）使用钢直尺时，要以端边的"0"刻线作为测量基准，这样在测量时不仅容易找到测量基准，而且便于读数和记数，如图 1-26 所示。

图1-26　以端边的"0"刻线作为测量基准

（2）测量中，钢直尺要放平、放正，刻度面朝上、朝外，不得前后、左右歪斜，否则，从尺上读得的数要比被测的实际尺寸大，如图1-27（a）所示。

（3）用钢直尺测量圆柱体的圆形截面直径时，钢直尺的端边要与被测面的边缘相切，然后左右摆动钢直尺，找出最大尺寸，即为所测圆形直径，如图1-27（b）所示。

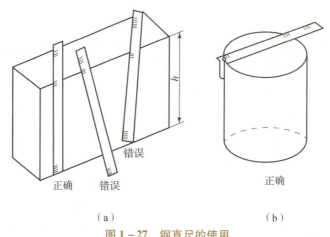

（a）　　　　　　　　　　（b）

图1-27　钢直尺的使用

（4）如果钢直尺受压变形，或其他原因使之变形，在使用时应该检查它的端边与侧边的垂直度，刻度面的平面度，经检查合格后方能使用，如图1-28所示。

图1-28　检查钢直尺

（5）测量螺母以及直边的部件时，使用钢直尺的效果较好，如图1-29所示。

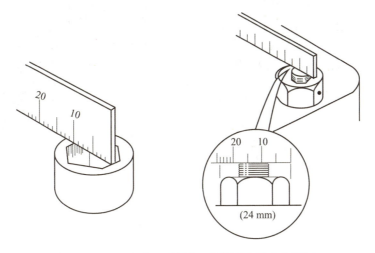

图1-29 用钢直尺测量内六角螺母和外六角螺母

2)游标卡尺

游标卡尺有时简称为卡尺,普通类型的游标卡尺的测量范围是0~250 mm。游标卡尺的主要用途是:测量各种外径、内径、外部尺寸、孔径、深度等,其结构如图1-30所示。

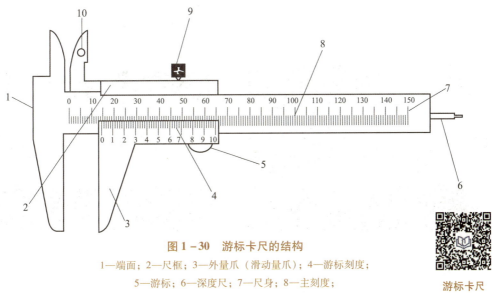

图1-30 游标卡尺的结构
1—端面;2—尺框;3—外量爪(滑动量爪);4—游标刻度;
5—游标;6—深度尺;7—尺身;8—主刻度;
9—紧固螺钉;10—内量爪(滑动量爪)

游标卡尺的使用

游标卡尺是一种精密测量工具,它由一个带刻度杆的固定量爪和一个滑动量爪(包括外量爪和内量爪)组成。尺身上刻有主刻度,而滑动量爪上刻有游标刻度。

若游标卡尺上有50个刻度,每刻度表示0.02 mm;若游标卡尺上有20个刻度,每刻度表示0.05 mm,如图1-31所示。

数显游标卡尺使用电子读数显示小数部分,这种标尺的测量精度可达到0.005 mm或0.001 mm,如图1-32所示。

图 1-31 游标卡尺的刻度

图 1-32 数显游标卡尺

还有一些游标卡尺是专门用来测量内径的,如汽车制动鼓的测量等,其量爪结构如图1-33所示,这种游标卡尺的好处是不受被测物体内径边缘凸起的影响。

游标卡尺读数如图 1-34 所示,上面一排刻度是游标卡尺的主刻度,下面一排刻度是游标刻度,其最小刻度为 0.05 mm。主刻度尺是以毫米来划分刻度的,每 1 cm 分为 10 个刻度,在厘米刻度上标有数字 1、2、3 等。

图 1-33 专用游标卡尺的量爪结构

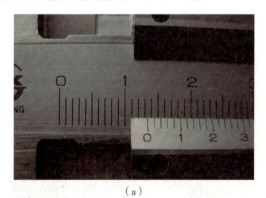

(a)

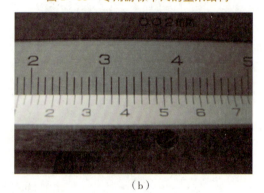

(b)

图 1-34 游标卡尺读数

主刻度尺每个刻度为 1 mm,游标刻度尺每个刻度为 49 mm/50 = 0.98 mm,所以主刻度尺和游标刻度尺每一刻度差为 0.02 mm。

读数时,首先读出游标零线左边与主刻度尺身相邻的第一条刻线的整毫米数,即测得尺寸的整数值,如图 1-34(a)所示,读数为 13.00 mm。再读出游标尺上与主刻度尺刻度线对齐的那一条刻度线所表示的数值,即为测量值的小数,如图 1-34(b)所示为 0.44 mm。

把从尺身上读得的整毫米数和从游标尺上读得的毫米小数加起来即为测得的实际尺寸,即 13 + (0.02 × 22) = 13 + 0.44 = 13.44 (mm),其中 22 为游标刻度尺的第 22 个刻度线与主刻度尺刻度线对齐。

使用游标卡尺前,应先依照下列事项进行逐一检查。

(1) 测定量爪的密合状态。主、副尺的量爪必须完全密合。内径测定用量爪在密合状态下，能够看到少许光线，表示密合良好；反之，如果穿透光线很多，则表示量爪密合不佳，如图 1-35 所示。

(2) 零点校正。当量爪密切结合后，主、副尺零点必须相互对齐，如图 1-36 所示。

图 1-35 检查测量爪

图 1-36 零点校正

(3) 游标的移动状况。游标必须能够在主尺上轻轻地移动而不发出声音。使用游标卡尺时，把要测量的物件放在两个量爪之间，轻轻移动滑动量爪，直到两个爪子都接触到被测物件为止，拧紧紧固螺钉，这时可从刻度尺上直接读出测量值，图 1-37 所示为使用游标卡尺测量气门弹簧长度。

用游标卡尺的外量爪测量汽车零部件的外部尺寸，如图 1-38（a）所示。用游标卡尺的内量爪测量汽车零部件的内部尺寸，如图 1-38（b）所示。

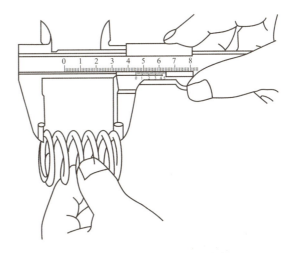

图 1-37 使用游标卡尺测量气门弹簧长度

(a)

(b)

图 1-38 零件的测量
(a) 测量外部尺寸；(b) 测量内部尺寸

3) 千分尺

千分尺是精密测量仪器,它的测量精度一般能达到 0.01 mm,而游标千分尺的测量精度可达 0.001 mm,千分尺与其他测量仪器一样,必须妥善使用,以保持其精度,避免被损坏。

外径千分尺是用于外径测量的千分尺,测量范围一般为 0~25 mm。根据所测零部件外径大小,可选用测量范围为 0~25 mm、25~50 mm、50~75 mm、75~100 mm 等多种规格的千分尺,如图 1-39 所示。

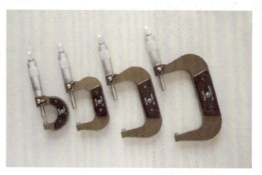

千分尺的使用

图 1-39 千分尺种类

在汽车工业中使用的千分尺有外径千分尺、内径千分尺和深度千分尺三种,其中常用的是外径千分尺,下面将对其做详细介绍。

(1) 外径千分尺的读数。

外径千分尺套筒刻度可以精确到 0.5 mm(即可以读至 0.5 mm),由此以下的刻度则要根据套筒基准线和套管刻度的对齐线来读取。如图 1-40(a)所示,套筒上的读数为 55 mm,套管上的 0.01 mm 的刻度线对齐套筒基准线,因此读数是:55 mm + 0.01 mm = 55.01 mm。

如图 1-40(b)所示,套筒上的读数为 55.5 mm,套管上的 0.45 mm 的刻度线对齐套筒基准线,因此读数是:55.5 mm + 0.45 mm = 55.95 mm。

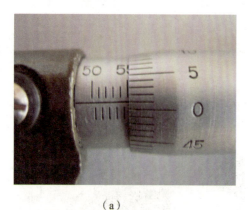
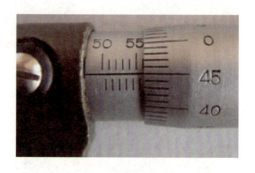

(a)　　　　　　　　　　　　　(b)

图 1-40 千分尺读数

(2) 使用千分尺测量时的注意事项。

千分尺属于精密的测量仪器,在测量时应注意以下事项:

使用前确保零点校正,若有误差,请用调整扳手调整或用测定值减去误差,如图 1-41 所示。

被测部位及千分尺必须保持清洁，若有油污或灰尘须立即擦拭干净，如图1-42所示。

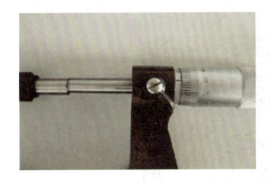
图1-41 千分尺的零点校正

图1-42 清理被测物体

测量时请将被测面轻轻顶住测砧，转动限荷棘轮及套筒使测轴前进，如图1-43所示。

测定时尽可能握住千分尺的弓架部分，同时要注意不可碰及测砧，如图1-44所示。

图1-43 测量凸轮轴

图1-44 测量曲轴

旋转后端限荷棘轮，使两个砧端夹住被测部件，然后再旋转限荷棘轮一圈左右，当听到发出两三响"咔咔"声后，就会产生适当的测定压力，如图1-45所示。

为防止因视差而产生误读，最好让视线与基准线成直角后再读取读数，如图1-46所示。

图1-45 旋转后端限荷棘轮

图1-46 读取数值

当测量活塞、曲轴轴径之类的圆周直径时，必须保证测轴轴线与最大轴径保持一致

(即测试处为轴径最大处)。若从横向来看,测轴应与检测部件中心线垂直,只有这样才能保证测试数据正确无误,如图1-47所示。

图1-47 保证测轴轴线与最大轴径一致

4)百分表

百分表利用指针和刻度将心轴移动量放大来表示测量尺寸,主要用于测量工件的尺寸误差以及配合间隙。

(1)百分表测量头类型。

百分表的测量头包括4种类型,如图1-48所示。

长型,适合在有限空间中使用。

辊子型,用于轮胎的凸面/凹面测量。

杠杆型,用于测量不能直接接触的部件。

平板型,用于测量活塞突出部分等。

百分表的基本操作

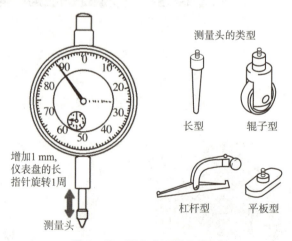

图1-48 百分表测量头类型

(2)百分表的结构。

百分表主要是由齿条和小齿轮装配而成的,其工作原理是:利用齿条和小齿轮将心轴的移动量放大,变为指针在刻度盘上的转动,从而读出被测尺寸的大小。图1-49所示为百分表的内部结构及原理示意图。

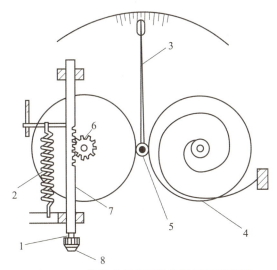

图 1-49 百分表的内部结构及原理示意图

1—弹簧；2—线圈；3—指针；4—螺旋弹簧；5—第二小齿轮；6—第一小齿轮；7—齿条；8—测量头

测量时，测量头和心轴的移动量会带动第一小齿轮转动，再利用同轴上的传动齿轮传递给第二小齿轮，从而带动装在第二小齿轮上的指针转动，即能将放大的心轴的移动量显示在刻度盘上。由于长针每一个回转相当于 1 mm 的移动量，将刻度盘分为 100 等份，所以测定的移动量可精确到 1/100 mm。百分表表盘如图 1-50 所示。

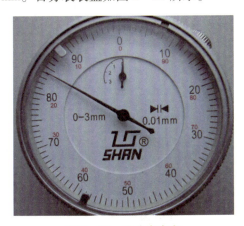

图 1-50 百分表表盘

（3）百分表的读数。

百分表表盘刻度分为 100 格，当测量头每移动 0.01 mm 时，大指针偏转 1 格；当测量头每移动 1.0 mm 时，大指针偏转 1 周，小指针偏转 1 格，相当于 1 mm。

3. 分配任务

每 10 人一组，每组选出一名负责人，负责人对小组任务进行分配。组员按负责人要求完成相关任务内容，并将自己所在小组及个人任务内容填入表 1-4 中。

4. 制订计划

根据任务内容制订拆卸计划，简要说明任务实施过程及注意事项，并填入表 1-5 中。

表1-4 任务决策表

序号	小组任务	个人任务	负责人
1			
2			
3			
4			
5			
6			
7			
8			
9			
10			

表1-5 任务计划表

车型:		工作内容:	
序号	工作步骤	工具/辅具	注意事项
1			
2			
3			
4			
5			
6			
7			
8			

1.2.5 检测评价

汽车拆装常用工量具的使用考核与成绩评定见表1-6。

表1-6 汽车拆装常用工量具的使用考核与成绩评定

序 号	考核内容	配分	评分标准	得分
1	套筒工具使用	10	操作不当每次扣2分	
2	扳手使用	10	操作不当每次扣2分	
3	锤子使用	10	操作不当每次扣2分	
4	锉刀使用	10	操作不当每次扣2分	
5	钢直尺使用	10	操作不当每次扣2分	
6	游标卡尺使用	10	读数不对每次扣5分,操作不当每次扣2分	
7	外径千分尺使用	10	读数不对每次扣5分,操作不当每次扣2分	
8	百分表使用	10	读数不对每次扣5分,操作不当每次扣2分	
9	实训场地5S,安全用电,防火,无人身、设备事故	20	因操作不当发生重大事故,此次实训按0分计	
分数总计		100		

1.2.6 学习心得

形式:总结

时间:10 min

记录:

项目二
汽车发动机的拆装

项目描述

1. 故障现象

客户将车开来时,发动机噪声很大,排气管排出大量呛人的烟雾。打开发动机舱盖,发现发动机运转不稳。客户描述此车是一个月前购买的低价二手车,卖者告知必须彻底修理才能正常驾驶。客户在几天前已在其他修理厂更换过气门和气门油封。维修人员通过与客户沟通和观察,总结出以下故障现象:

(1) 机油损耗严重并排出大量黑蓝掺杂的尾气;
(2) 起动困难、动力不足、油耗增加;
(3) 缸盖内有节奏的异响,加速时缸体下部还有强烈的金属敲击声。

2. 故障分析

排气管冒蓝烟是由机油进入燃烧室参与燃烧(俗称"烧机油")而导致,原因一般有两种:一是气门杆与气门导管间隙过大或气门油封失效;二是活塞环和气缸的间隙过大,导致曲轴箱内的机油上窜到燃烧室。而客户之前已更换过气门和气门油封,所以维修人员分析此故障现象极有可能为第二种原因引起。至于加速时急促的异响,有可能是由曲轴瓦或连杆瓦间隙过大引起的。结合汽车行驶里程数,说明此车发动机已达到使用极限,再加上发动机异响,说明配气机构和曲柄连杆机构磨损严重,从而导致了起动困难、动力不足、油耗增加、运转不平稳等一系列不良现象。维修人员当即决定对此车发动机进行大修处理,如图2-1所示。

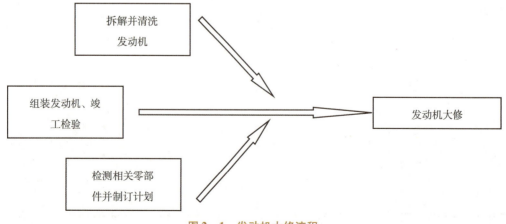

图2-1 发动机大修流程

项目二 | 汽车发动机的拆装

任务 2.1 发动机总成的拆装

2.1.1 任务引入

总结从车上拆卸发动机总成的关键点，怎样防止汽油溢出？是否要拆下蓄电池？怎样排出冷却液？怎样拆开连接器和线束？车内需要拆卸什么？需要拆卸哪些卡箍和管路？发动机室要先拆卸什么？

明确主要任务，说明生产过程和工艺过程，学习基本原理知识，熟悉规范的操作流程，掌握从车上拆卸发动机总成的基本技能。

2.1.2 任务目标

1. 职业目标

（1）明确发动机总成的识别及更换的工艺流程、发动机总成的拆装要求及磨合的重要性。
（2）根据《维修手册》，与同学协作规范地更换发动机总成。
（3）发动机总成拆装能够达到中级汽车装调工水平。

2. 素质目标

（1）培养学生环保意识和可持续发展观。
（2）熟悉安全操作常识及职业守则，培养文明生产的良好习惯。
（3）培养学生 5S 管理意识，保持工作场地清洁。

2.1.3 相关知识

1. 进气系统的结构

燃油在发动机内燃烧时，需要一定数量的空气，进气系统向发动机提供其所需要的清洁空气。从车上拆卸发动机总成时，应先将进气系统的相关外围附件及管路拆掉，进气系统的结构如图 2-2 所示。

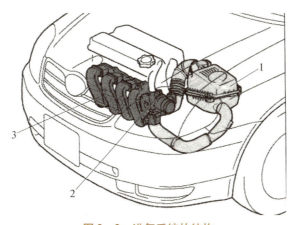

图 2-2 进气系统的结构
1—空气滤清器；2—节气门体；3—进气歧管

2. 燃油系统的结构

燃油系统向发动机提供混合气燃烧所需的燃油量,它主要由燃油箱、燃油泵、输油管、燃油滤清器、燃油压力调节器、燃油分配管、喷油器等组成。发动机工作时,燃油被燃油泵从燃油箱中吸出,由喷油器在 ECU 控制作用下进行喷射。燃油管里的燃油压力需由压力调节器和脉动缓冲器进行调节,以保持稳定的燃油喷射,燃油系统的结构如图 2-3 所示。

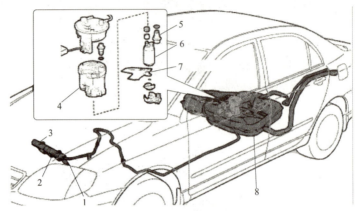

图 2-3 燃油系统的结构

1—喷油器;2—脉动缓冲器;3—输油管;4、7—燃油滤清器;5—燃油压力调节器;6—燃油泵

发动机停止运转后,燃油压力调节器关闭,燃油泵停止转动,单向阀迅速关闭,以维持燃油管路内的残余压力,这样更有助于使发动机重新起动。若没有残余压力,在高温时很容易出现气阻,使发动机重新起动变得很困难。因此,从车上拆卸发动机总成时应先卸掉残余油压。

3. 排气系统的结构

排气系统将发动机产生的废气排放到大气中,它采用两个球节使排气歧管与前管连接、前管与中间管连接,从而使结构简单且提高了可靠性。排气系统的结构如图 2-4 所示,它有以下几项功能。

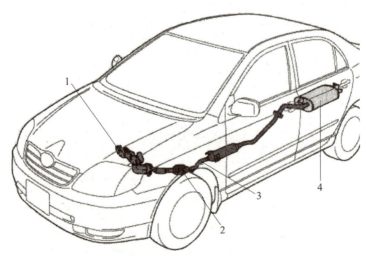

图 2-4 排气系统的结构

1—排气歧管;2—TWC(三元催化转换器);3—排气管;4—消声器

（1）通过改善发动机废气的排放性能，提高发动机效率。
（2）通过清除有害成分清洁废气。
（3）减小废气发出的爆炸声。

因此，从车上拆卸发动机总成时，也应先拆掉排气管等相关附件。

4. 冷却系统的结构

冷却系统一般采用密闭压力循环系统，主要依靠汽车向前行驶时产生的风来冷却。冷却系统通过在整个发动机中循环冷却液，把发动机温度调至最佳水平。拆卸发动机总成时，要先排放冷却液，以便安全规范地拆卸冷却管路。冷却系统的结构如图2－5所示。

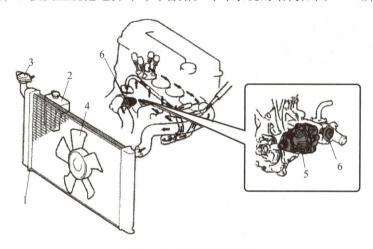

图2－5 冷却系统的结构

1—散热器；2—储液罐；3—散热器盖；4—冷却风扇；5—水泵；6—恒温器

5. 电气系统的结构

汽车发动机室的电气装置很多，还有许多连接器和线束、空调系统以及高压和低压制冷管路。拆卸发动机总成时，需先断开连接器并拆卸相关线束，空调系统还需先拆卸空调压缩机并将其可靠地悬挂，其结构如图2－6所示。

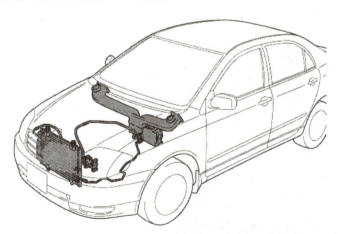

图2－6 空调系统的结构

2.1.4 任务实施

1. 发动机总成的拆装。

1）实施步骤

发动机总成的拆卸步骤见表2-1。

表2-1 发动机总成的拆卸步骤

实施步骤	图示	要点解读	使用工具
步骤1	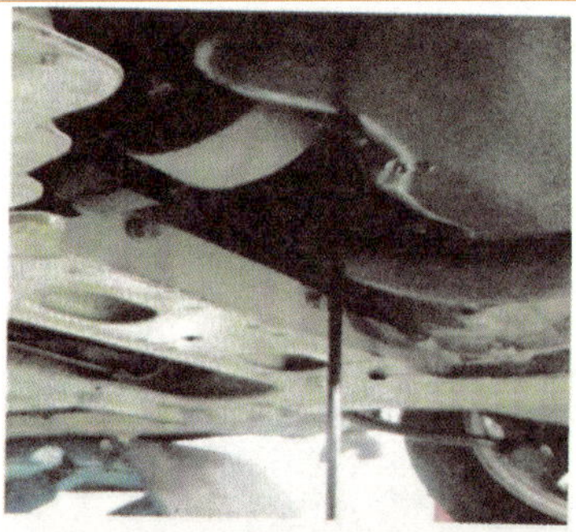	断开蓄电池负极,举升并固定汽车,让前轮悬空;放空变速器油	机油滤扳手、常用工具、举升机、机油收集器
步骤2		拔下冷却液水管,放空散热器中的冷却液	钳子、水桶
步骤3	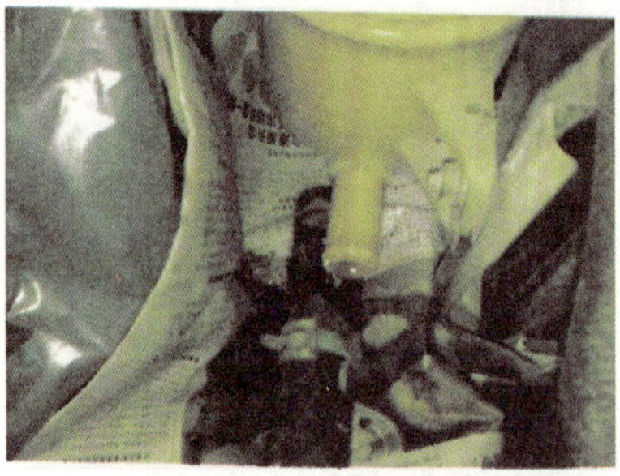	用真空泵抽出油壶中的转向助力液,拔下软管放出剩余油液	真空泵、钳子
步骤4		拆卸空气滤清器总成	螺丝刀

续表

实施步骤	图示	要点解读	使用工具
步骤5		拆卸蓄电池	常用工具
步骤6		拆卸 ECU 支架	常用工具
步骤7		拆卸蓄电池支架	常用工具
步骤8		拆卸车轮	常用工具
步骤9		拆卸左传动轴	常用工具

续表

实施步骤	图示	要点解读	使用工具
步骤10		拆卸右传动轴	常用工具
步骤11		拆卸离合器拉索	常用工具
步骤12	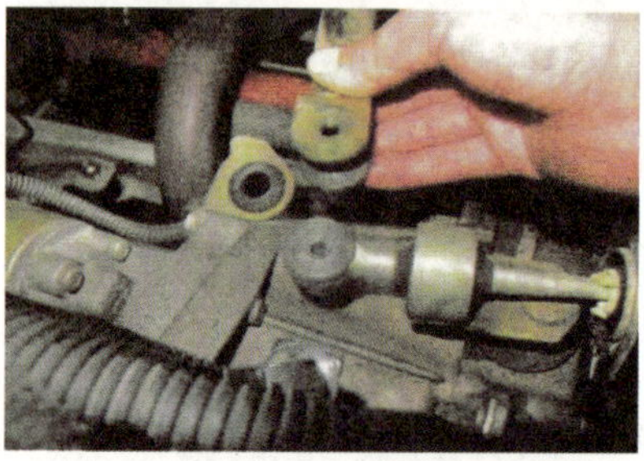	脱开节气门拉索	常用工具
步骤13		脱开换挡操纵机构的长操纵杆	常用工具
步骤14		拆下空调压缩机	常用工具

续表

实施步骤	图示	要点解读	使用工具
步骤15		拆下动力转向泵与转向阀之间的连接管	常用工具
步骤16		拆下进气管与真空助力器之间的连接管	常用工具
步骤17	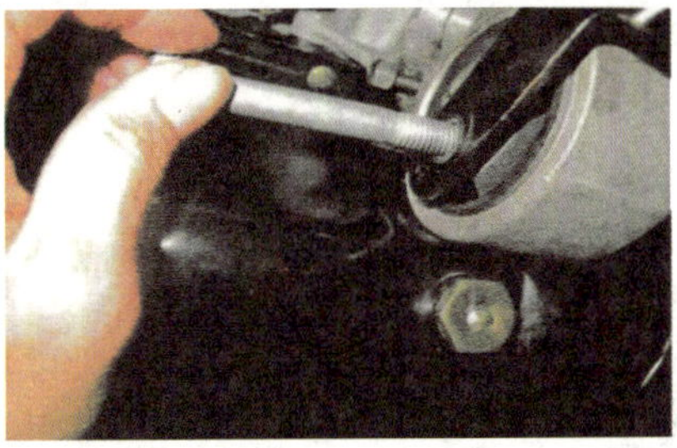	拆下发动机下支架的吊耳螺栓	常用工具
步骤18		吊起发动机总成（带变速器）	常用工具、发动机吊装工具
步骤19	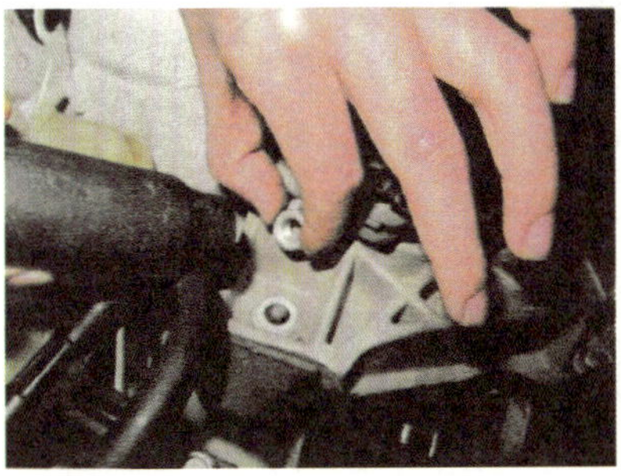	拆除发动机左支架	常用工具

续表

实施步骤	图示	要点解读	使用工具
步骤20		拆除发动机右支架	常用工具
步骤21		吊下发动机总成（带变速器）	常用工具、液压吊架
步骤22		拆除变速器总成	常用工具
步骤23	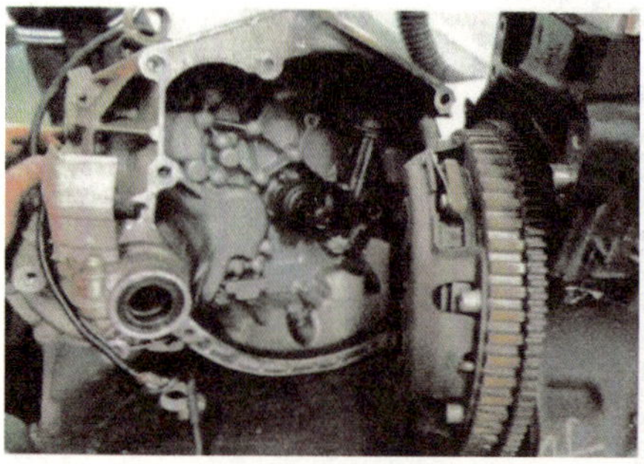	拆除离合器总成	常用工具

2）发动机总成的安装

（1）安装离合器总成。

（2）安装变速器总成。

（3）在油封刃口处涂抹机油，用油封安装工具安装差速器左、右油封。

（4）用"G6"型润滑脂涂在变速器弹性支架内部。

（5）吊起发动机总成（带变速器）。

（6）安装发动机总成（带变速器）。

①安装发动机左、右支架，固定发动机支架。

②装上发动机下支架的吊耳螺栓。

（7）装上排气管紧固螺栓。

（8）装上进气管与真空助力器之间的连接管。

（9）装上暖风进、出水管。

（10）装上散热器胶管。

（11）装上滤清器进气管。

（12）装上供油管和回油管。

（13）连接发动机线束，连接熔断器上的继电器线束。

（14）连接固定在熔断器上的搭铁线，连接变速器上的搭铁线。

（15）连接熔断器线。

（16）连接动力转向泵与转向阀之间的连接管。

（17）安装空调压缩机。

（18）安装空调压缩机传动带。

①按顺序安装传动带：曲轴带轮、空调压缩机带轮、助力转向泵带轮、张紧轮。

②把传动带张力数字显示仪安装在传动带上。

③拧紧张紧轮紧固螺栓，拆下工具。

（19）安装离合器拉索。

（20）安装换挡操纵机构的长操纵杆。

（21）安装动力转向泵上的胶管。

（22）安装节气门拉索。

（23）安装空气滤清器总成。

（24）安装发动机及支架。

（25）安装传动轴。

（26）安装前轮。

（27）加注变速器油、动力转向液、冷却液。

（28）调整离合器拉索的长度。

（29）接上电源负极，将车辆落地，进行汽车检测、路试。

2. 分配任务

每10人一组，每组选出一名负责人，负责人对小组任务进行分配。组员按负责人要求完成相关任务内容，并将自己所在小组及个人任务内容填入表2-2中。

表 2-2 任务决策表

序号	小组任务	个人任务	负责人
1			
2			
3			
4			
5			
6			
7			
8			
9			
10			

3. 制订计划

根据任务内容制订拆卸计划，简要说明任务实施过程及注意事项，并填入表 2-3 中。

表 2-3 任务计划表

车型：		工作内容：	
序号	工作步骤	工具/辅具	注意事项
1			
2			
3			
4			
5			
6			
7			
8			

2.1.5 检测评价

发动机总成的拆装考核与成绩评定见表 2-4。

表 2-4　发动机总成的拆装考核与成绩评定

序号	考核内容	配分	评分标准	得分
1	正确使用工具、仪器	15	操作不当每次扣 3 分	
2	拆卸发动机前的准备	20	操作不当每次扣 5 分	
3	举升机的使用	15	操作不当每次扣 5 分	
4	外部附件的拆卸	15	操作不当每次扣 3 分	
5	发动机总成的吊起	15	操作不当每次扣 2 分	
6	实训场地 5S 规范，安全用电，防火，无人身、设备事故	20	因操作不当发生重大事故，此次实训按 0 分计	
分数总计		100		

2.1.6　学习心得

形式：总结

时间：10 min

记录：

任务 2.2　配气机构的拆装

2.2.1　任务引入

考虑如何使用工具按照正确的操作方法对配气机构进行拆装？怎样使用相关量具对配气机构部件进行测量？收集相关资料，能够查阅《维修手册》，并根据测量结果正确制订修复计划；能够遵守操作规范，遵守劳动纪律和环保的要求。

2.2.2　任务目标

1. 职业目标

（1）能够正确拆装汽缸盖及其附件。

(2) 能够正确检查正时皮带、正时链条、涨紧轮；

(3) 进气系统装配能够达到中级汽车装调工水平。

2. 素质目标

(1) 培养爱国主义精神和勤奋好学的优秀品质。

(2) 严格遵守安全操作规程，培养文明生产的良好习惯。

(3) 保持工作场地清洁，加深5S管理制度的贯彻实施。

2.2.3 相关知识

1. 气缸盖螺栓拧松顺序

拆卸气缸盖螺栓和凸轮轴螺栓时要按照由外到内、先两端后中央、交叉对称的顺序分次地拆解，并且必须在发动机冷态时进行拆卸，如图 2-7 所示。安装顺序则正好相反。

发动机
汽缸盖拆卸

气缸盖安装

图 2-7 拧松缸盖螺栓顺序

2. 发动机零件按正确顺序摆放

发动机零件的正确摆放顺序如图 2-8 和图 2-9 所示。

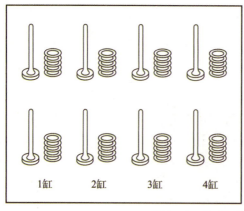

图 2-8 发动机零件的正确摆放顺序 1

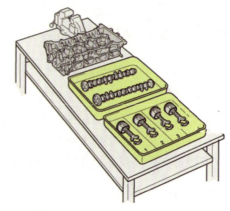

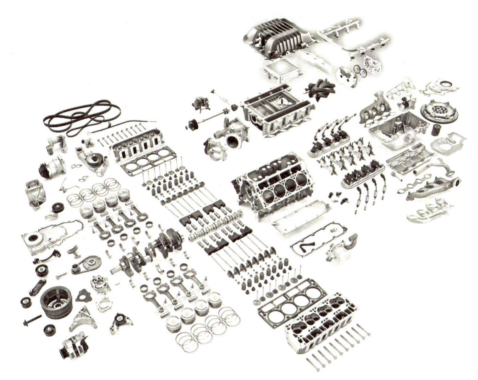

图 2-9　发动机零件的正确摆放顺序 2

3. 发动机零件清洗

发动机零件清洗的方法如图 2-10 所示。

图 2-10　发动机零件清洗的方法

4. 准备工作及注意事项

（1）准备装配的零部件及总成都要经过检验及试验，必须保证质量合格。

（2）易损零件、紧固锁止件应全部换新，如气缸垫及其他衬垫、开口销、自锁螺母、弹簧垫圈等，如图 2-11 所示。

（3）严格保持零件、润滑油道清洁。

（4）不许互换的零件（如气门等），应做好标记，以防错装。全部零件清洁、清点后应分类摆放整齐。

（5）装配时，应在零件的配合表面（过盈配合、过渡配合、动配合表面）和摩擦表面，如凸轮、齿轮、摇臂头部、螺纹等涂抹发动机用机油，做好润滑。

图 2-11 发动机大修包

（6）装配时注意螺栓的标准力矩（参考《维修手册》）。

2.2.4 任务实施

1. 实施步骤

（1）小组接受任务后，参照任务实施过程实施操作，并完成检测表。配气机构的拆卸步骤见表 2-5。

表 2-5 配气机构的拆卸步骤

实施步骤	图示	要点解读	使用工具
步骤1		取下各缸的高压线	常用工具
步骤2		用T形套筒扳手拆下分电器	T形套筒扳手

续表

实施步骤	图示	要点解读	使用工具
步骤3	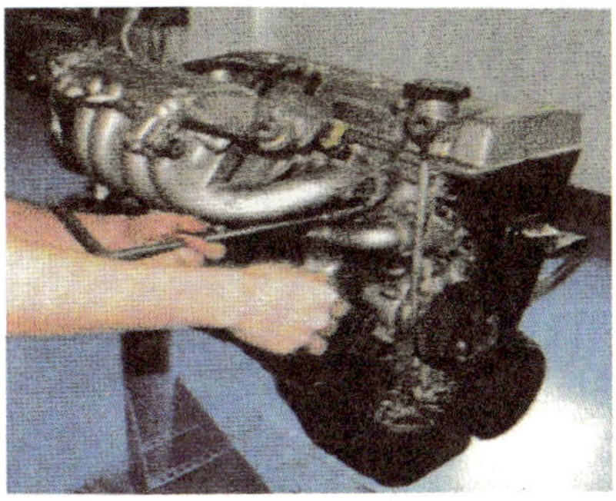	用T形套筒扳手拆卸进气歧管及进气管垫	T形套筒扳手
步骤4	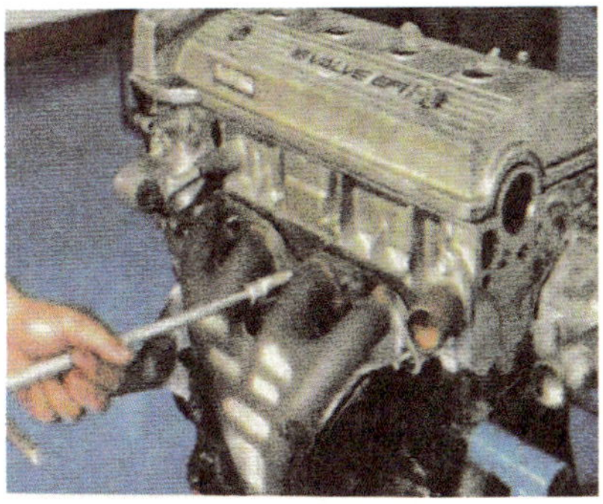	用T形套筒扳手拆卸排气歧管及排气管垫	T形套筒扳手
步骤5		拆下曲轴箱通风管；拆下气门室罩及气门室罩密封条等	常用工具
步骤6		拆下正时皮带上护罩，拧松正时皮带张紧轮螺母	常用工具

续表

实施步骤	图示	要点解读	使用工具
步骤7		松开正时皮带	常用工具
步骤8		按照左图所示的顺序,松开凸轮轴轴承盖螺栓,拆下凸轮轴	常用工具
步骤9		按照左图所示从1到10的顺序,松开气缸盖螺栓,将气缸盖与气缸垫一起拆下	常用工具
步骤10	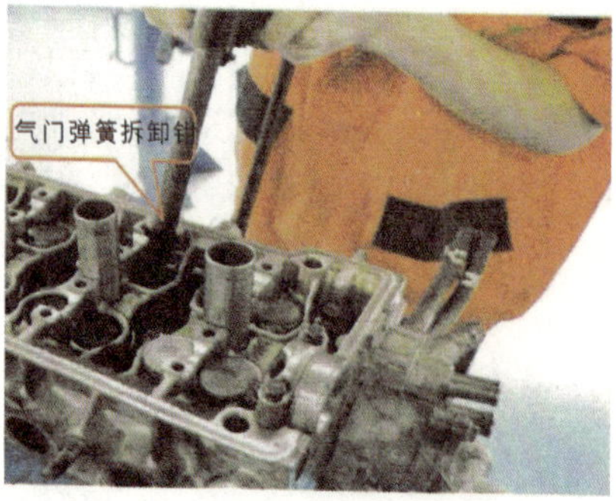	使用气门弹簧拆卸钳拆下气门杆密封圈	常用工具、气门弹簧拆卸钳

(2) 检查配气机构并完成表 2-6 的填写。

表 2-6 检查配气机构

车型:		机型:	
配气机构传动形式	凸轮轴轴向间隙极限值	凸轮轴轴向间隙实际测量值	处理办法

(3) 检查气门并完成表 2-7 的填写。

表 2-7 检查气门

机型:			配气机构传动形式:					
气门	1 缸		2 缸		3 缸		4 缸	
	进	排	进	排	进	排	进	排
实际测量是否合格								
原厂要求极限值			不合格数量					
处理方法								

(4) 检查凸轮轴并完成表 2-8 的填写。

表 2-8 检查凸轮轴

项目 参 数	进气凸轮	在以下合适的选项中打√			排气凸轮	在以下合适的选项中打√		
		校正（修复）	更换	继续使用		校正（修复）	更换	继续使用
凸轮轴最大径向跳动量/mm								

续表

项目\参数	进气凸轮	在以下合适的选项中打√			排气凸轮	在以下合适的选项中打√		
		校正（修复）	更换	继续使用		校正（修复）	更换	继续使用
凸轮最大磨损高度尺寸/mm								
实际最小的轴颈尺寸/mm								

（5）参考《维修手册》，检查气门导管与气门间隙并完成表2-9的填写。

表2-9 检查气门导管与气门间隙

车型：								
气门数量：				气门驱动形式：				
进排气门	气门导管与气门间隙							
	1缸		2缸		3缸		4缸	
	进	排	进	排	进	排	进	排
实际测量值								
极限值								
处理办法								

注：车型行第二列为"机型："

（6）参考《维修手册》，检查内、外弹簧并完成表2-10的填写。

表2-10 检查内、外弹簧

车型：					发动机：				
尺寸	内弹簧				外弹簧				
	1缸	2缸	3缸	4缸	1缸	2缸	3缸	4缸
气门弹簧自由长度极限值									
气门弹簧自由长度实际测量值									
气门弹簧垂直度极限值									
气门弹簧垂直度实际测量值									
处理办法									

（7）配气机构的安装。

①安装气门导管。

将气门导管涂上机油后，从凸轮轴端压入冷的气缸盖。安装带轴肩的气门导管，压力不应大于9.8 kPa，否则轴肩易断裂。

②安装气门杆密封圈。

在气门杆上套上塑料套，以免损坏新的气门密封圈。将润滑后的气门杆密封圈套入压力工具3129，然后小心地将气门杆密封圈压入气门导管中。

③安装气门。

按照与拆卸相反的顺序安装气门，但应注意以下事项：

在安装气门之前，更换气门油封，需要在气门杆部涂上一层机油。

安装气门时，要注意气门的记号，各缸的气门不可互换。

按顺序装回气门、气门弹簧、气门弹簧座。

用气门弹簧拆卸钳压紧气门弹簧，装上气门锁片。

④液力挺柱的安装。

液力挺柱必须整套更换，不能进行调整或维修。

⑤凸轮轴的安装。

安装凸轮轴前应更换凸轮轴油封。安装凸轮轴时，1缸的凸轮必须朝上，安装轴承盖时要保证孔的上、下部分对准。

润滑凸轮轴轴承表面。

按照凸轮轴上的正时记号对号正时。

交替对角拧紧2、4号排气凸轮轴轴承盖螺栓，拧紧力矩为20 N·m。然后用同样的方法拧紧1、3、5号轴承盖螺栓，拧紧力矩为20 N·m。

按照相同的方法安装好进气凸轮轴轴承盖螺栓。

进、排气门安装

拆卸气门组基础版

⑥安装正时皮带。

安装正时皮带轮。

对好正时标记，如图 2-12 所示。

安装好正时皮带，并拧紧张紧轮。

安装正时齿轮罩。

安装气门室罩盖。

安装好凸轮轴后，发动机在 30 min 之内不得起动，以便液力挺柱的补偿元件进入状态，否则气门将敲击活塞。

2. 分配任务

每 10 人一组，每组选出一名负责人，负责人对小组任务进行分配。组员按负责人要求完成相关任务内容，并将自己所在小组及个人任务内容填入表 2-11 中。

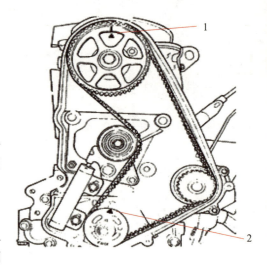

图 2-12 正时标记

1，2—记号

表 2-11 任务决策表

序号	小组任务	个人任务	负责人
1			
2			
3			
4			
5			
6			
7			
8			
9			
10			

3. 制订计划

根据任务内容制订拆卸计划，简要说明任务实施过程及注意事项，并填入表 2-12 中。

表 2–12　任务计划表

车型：		工作内容：	
序号	工作步骤	工具/辅具	注意事项
1			
2			
3			
4			
5			
6			
7			
8			

2.2.5　检测评价

发动机配气机构拆装考核与成绩评定见表 2–13。

表 2–13　发动机配气机构拆装考核与成绩评定

序号	考核内容	配分	评分标准	得分
1	正确使用工具、仪器	10	操作不当每次扣 2 分	
2	凸轮轴正时同步带的拆卸	10	操作不当每次扣 2 分	
3	凸轮轴正时齿轮的拆装	10	操作不当每次扣 2 分	
4	凸轮轴轴承盖的拆装	10	操作不当每次扣 2 分	
5	液力挺柱的拆装	10	操作不当每次扣 2 分	
6	气门组的拆装	10	操作不当每次扣 2 分	
7	凸轮轴的安装	10	操作不当每次扣 2 分	
8	凸轮轴正时皮带的安装	10	操作不当每次扣 2 分	
9	实训场地 5S 规范，安全用电，防火，无人身、设备事故	20	因操作不当发生重大事故，此次实训按 0 分计	
分数总计		100		

2.2.6 学习心得

形式：总结
时间：10 min
记录：

任务 2.3　曲柄连杆机构的拆装

2.3.1 任务引入

曲柄连杆机构由哪些零件组成？在拆卸的过程中应该注意什么？明确主要任务，说明生产过程和工艺过程，学习基本原理知识，熟悉规范的操作流程，掌握拆装曲柄连杆机构的基本技能。

2.3.2 任务目标

1. 职业目标

（1）能够对发动机的曲柄连杆机构与机体组件进行正确拆装。
（2）能够掌握发动机机体组件各零部件的结构原理。
（3）曲柄连杆系统装配能够达到中级汽车装调工水平。

2. 素质目标

（1）培养学生以国家和集体的利益为先的奉献意识。
（2）熟悉和掌握相关工作手册，养成严格按照工作手册进行拆装操作的良好工作习惯。
（3）保持工作场地清洁，持续深化5S管理标准的实行。

2.3.3 相关知识

1. 活塞连杆组组成

活塞连杆组的组成如图 2-13 所示。

活塞
连杆组组成

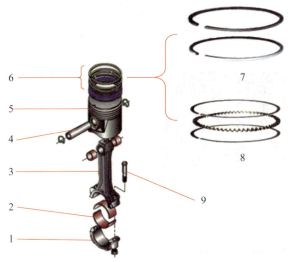

图 2 – 13　活塞连杆组的组成

1—连杆盖；2—连杆瓦；3—连杆；4—活塞销；5—活塞；
6—活塞环；7—气环；8—油环；9—连杆螺栓

2. 曲轴飞轮组组成

曲轴飞轮组的组成如图 2 – 14 所示。

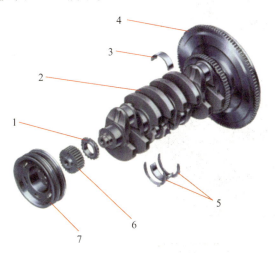

曲轴飞轮组组成

图 2 – 14　曲轴飞轮组的组成

1—油泵链轮；2—曲轴；3—主轴瓦片；4—飞轮；5—止推片；6—正时齿轮；7—皮带轮（扭转减震器）

2.3.4　任务实施

1. 实施步骤

（1）小组接受任务后，参照任务实施过程实施操作，并完成检测表。曲柄连杆机构的拆卸步骤见表 2 – 14。

活塞
连杆组拆卸

表 2–14　曲柄连杆机构的拆卸步骤

实施步骤	图示	要点解读	使用工具
步骤 1	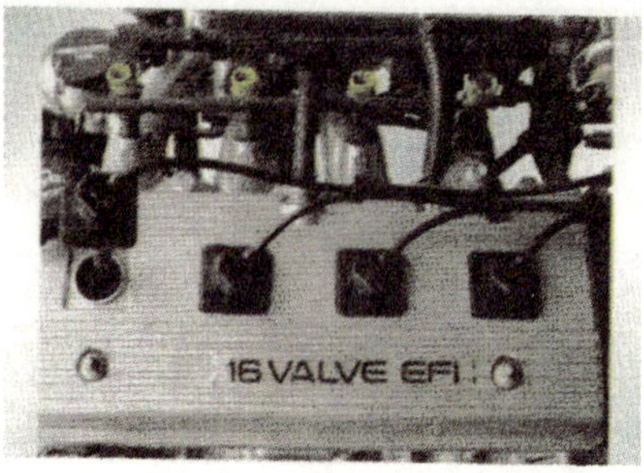	取下各缸的高压线	常用工具
步骤 2		用 T 形套筒扳手拆下分电器	T 形套筒扳手
步骤 3		用 T 形套筒扳手拆卸进气歧管及进气管垫	T 形套筒扳手
步骤 4		用 T 形套筒扳手拆卸排气歧管及排气管垫	T 形套筒扳手

续表

实施步骤	图示	要点解读	使用工具
步骤5		拆下曲轴箱通风管；拆下气门室罩及气门室罩密封条等	常用工具
步骤6	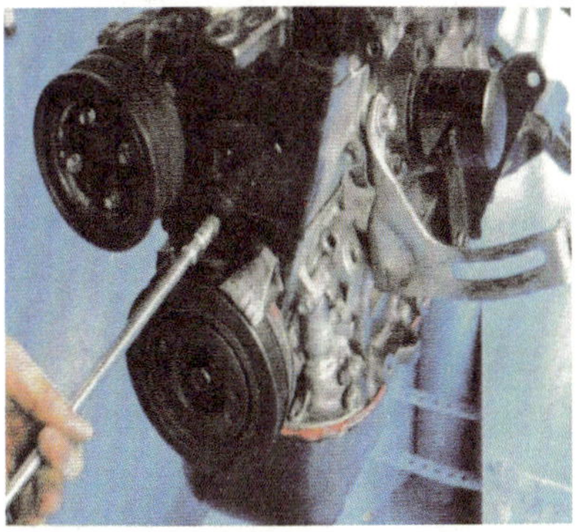	拆下正时皮带上护罩，拧松正时皮带张紧轮螺母	常用工具
步骤7		松开正时皮带	常用工具
步骤8		拆下气缸盖	

续表

实施步骤	图示	要点解读	使用工具
步骤9		拆下气缸垫	
步骤10	打上的相应缸数的标记，为2、3缸连杆轴承盖标记	在曲轴瓦上做上标记	常用工具、螺丝刀
步骤11		拆下曲轴瓦盖，并取下活塞	常用工具
步骤12		取下活塞环	活塞环拆卸钳

（2）活塞连杆组的装配。

①用汽油清洗活塞组各零件，用钢丝捅各油孔、油道，清除污垢，然后用高压空气吹干各零件。

②按顺序、标记分组放好，并清点零件。

③安装活塞销。将活塞置于水中加热至60 ℃～80 ℃，取出活塞迅速擦净座孔，用拇指将涂有机油的活塞销推入活塞的一端销孔内，随即在连杆小头的衬套内涂上一层机油，将小头伸入活塞内；继续用拇指将活塞销推入连杆衬套，直到活塞的另一端销孔边

活塞
连杆组安装

缘,使活塞销端面与活塞销卡环槽的内端面平齐为止(严禁用锤子打入);然后装入卡环。卡环嵌入环槽中的深度应不小于环径的2/3,卡环在环槽中与活塞销两端有间隙,为活塞销受热膨胀留有余地。

④安装活塞环。要用活塞环装卸钳依次装好第1道气环和第2道气环。第3道是油环(组合环)。

注意: 安装时要对准装配记号和活塞环开口方向。

(3) 将活塞连杆组件装入气缸。

①将1缸曲柄转到下止点位置,取1缸的活塞连杆总成,在瓦片、活塞环处加注少许机油,转动各环使机油进入环槽,并检验各环开口是否处于规定方位。

②用专用工具收紧各环,按活塞顶箭头方向将活塞连杆总成从气缸顶部放入缸筒,用手引导连杆使其对准曲轴轴颈,用锤子的柄将活塞推入。装入前注意检查图2-12所示的装配记号。

③取1缸的连杆轴承盖(带有轴瓦),使标记朝前装在连杆上,并按规定力矩交替拧紧连杆螺母。

④依据同样的方法,将其余各缸活塞连杆组件装入相应的气缸。

⑤活塞连杆组装后,用锤子朝曲轴轴线方向前后轻敲轴承时,连杆应能轻微移动;全部装复后,转动曲轴时,松紧度应适宜;所有连杆螺栓和螺母应齐全、可靠。

(4) 检查气缸并完成表2-15的填写。

表2-15 检查气缸

车型:		机型:		标准缸径:		
截面		气 缸	1缸	2缸	3缸	4缸
上截面	轴向直径					
	推力方向直径					
	磨损量					
	圆度					
中截面	轴向直径					
	推力方向直径					
	磨损量					
	圆度					
下截面	轴向直径					
	推力方向直径					
	磨损量					
	圆度					
	圆柱度					

（5）测量活塞并参照维修手册完成表2–16的填写。

表2–16 测量活塞

参数 气缸	第1道气环			第2道气环			油环刮片		
	侧隙	端隙	背隙	侧隙	端隙	背隙	侧隙	端隙	背隙
1缸									
2缸									
3缸									
4缸									
标准									
极限									
处理措施									

（6）测量连杆并完成表2–17的填写。

表2–17 测量连杆

名称 连杆	扭曲度	弯曲度
1缸连杆		
2缸连杆		
3缸连杆		
4缸连杆		
极限值		
处理措施		

（7）测量曲轴并完成表2–18的填写。

表2–18 测量曲轴

被测曲轴的支承形式：			
主轴颈圆跳动量	极限值	实际值	处理办法

（8）测量轴颈并完成表 2 – 19 的填写。

表 2 – 19　测量轴颈

标准直径：				最大磨损量：	
圆度极限值：				圆柱度极限值：	
连杆轴颈		第 1 连杆轴颈	第 2 连杆轴颈	第 3 连杆轴颈	第 4 连杆轴颈
第 1 截面	垂直直径				
	水平直径				
	圆度				
第 2 截面	垂直直径				
	水平直径				
	圆度				
圆柱度					
处理方法		继续使用		修复	更换

2. 分配任务

每 10 人一组，每组选出一名负责人，负责人对小组任务进行分配。组员按负责人要求完成相关任务内容，并将自己所在小组及个人任务内容填入表 2 – 20 中。

表 2 – 20　任务决策表

序号	小组任务	个人任务	负责人
1			
2			
3			
4			
5			
6			
7			
8			
9			
10			

3. 制订计划

根据任务内容制订拆卸计划，简要说明任务实施过程及注意事项，并填入表 2-21 中。

表 2-21　任务计划表

车型：		工作内容：	
序号	工作步骤	工具/辅具	注意事项
1			
2			
3			
4			
5			
6			
7			
8			

2.3.5　检测评价

发动机曲柄连杆机构拆装考核与成绩评定见表 2-22。

表 2-22　发动机曲柄连杆机构拆装考核与成绩评定

序号	考核内容	配分	评分标准	得分
1	正确使用工具、仪器	10	操作不当每次扣 2 分	
2	气缸盖螺栓的拆卸	10	操作不当每次扣 2 分	
3	曲轴飞轮组件拆装	10	操作不当每次扣 2 分	
4	活塞的拆卸	10	操作不当每次扣 2 分	
5	活塞环的拆卸	10	操作不当每次扣 2 分	
6	连杆轴承的拆装	10	操作不当每次扣 2 分	
7	活塞的装配	10	操作不当每次扣 2 分	
8	活塞环的装配	10	操作不当每次扣 2 分	
9	实训场地 5S 规范，安全用电、防火、无人身、设备事故	20	因操作不当发生重大事故，此次实训按 0 分计	
分数总计		100		

2.3.6 学习心得

形式：总结
时间：10 min
记录：

⚙ 任务 2.4　冷却系统的拆装

2.4.1 任务导入

冷却系统由哪些零件组成？在拆卸的过程中应该注意什么？明确主要任务，说明生产过程和工艺过程，学习基本原理知识，熟悉规范的操作流程，掌握拆装冷却系统的基本技能。

2.4.2 任务目标

1. 职业目标

（1）能够掌握汽车发动机冷却系统主要零部件的拆装。
（2）进一步加深对冷却强度调节装置结构及工作原理的理解。
（3）冷却系统装配能够达到中级汽车装调工水平。

2. 素质目标

（1）培养学生脚踏实地，坚守初衷的工匠精神。
（2）熟练掌握拆装工具书使用方法，培养严格按照行业标准进行操作的良好工作习惯。
（3）贯彻执行 5S 管理制度，培养严于律己的良好品格。

2.4.3 相关知识

1. 冷却系统组成

冷却系统的组成如图 2-15 所示。

冷却系统组成

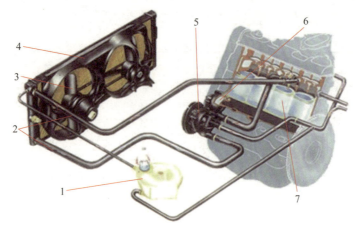

图 2-15 冷却系统的组成

1—补给小水箱；2—散热水管；3—散热风扇；4—散热水箱；5—水泵；6—节温器；7—发动机水套

2.4.4 任务实施

1. 冷却系统的拆装

1）实施步骤

冷却系统的拆卸步骤见表 2-23。

冷却系统的
原理和常见故障

表 2-23 冷却系统的拆卸步骤

实施步骤	图示	要点解读	使用工具
步骤 1		排出冷却系统内的冷却液，并注意收集	常用工具
步骤 2		拔下电动机的电源插头和风扇罩壳上的热敏开关插头。用鲤鱼钳松开冷却液管上的卡箍，拔下散热器的冷却液软管	常用工具、鲤鱼钳

续表

实施步骤	图示	要点解读	使用工具
步骤3	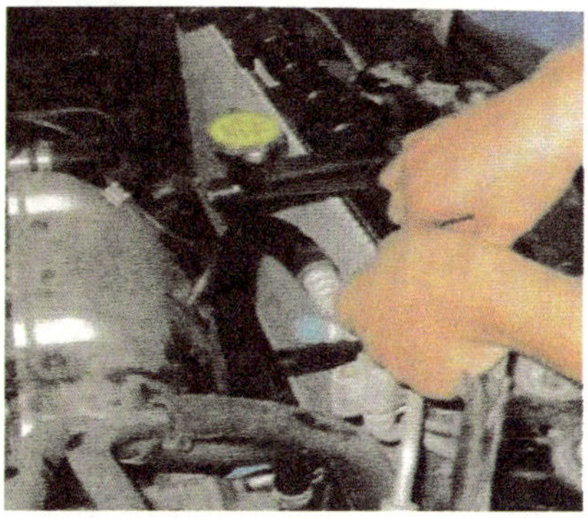	依次拆卸膨胀水箱、导风罩和散热器安装支架	常用工具
步骤4		拆下散热器（散热器的安装按照拆卸的相反顺序进行，最后加注冷却液，并保证冷却系统无泄漏）	常用工具
步骤5		拆下节温器盖安装螺栓	常用工具
步骤6	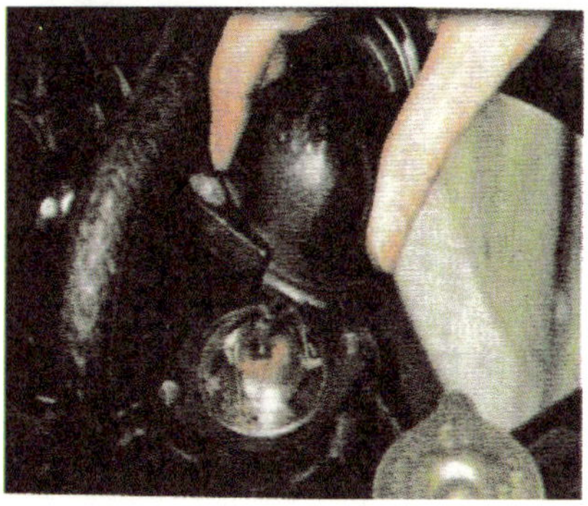	取下节温器盖	常用工具

续表

实施步骤	图示	要点解读	使用工具
步骤 7	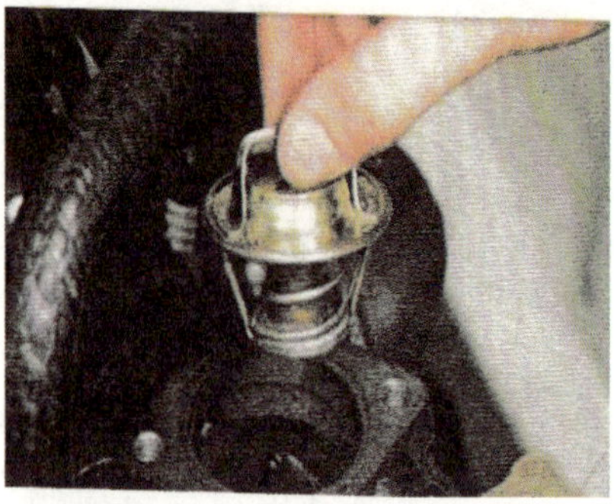	取下节温器	常用工具
步骤 8	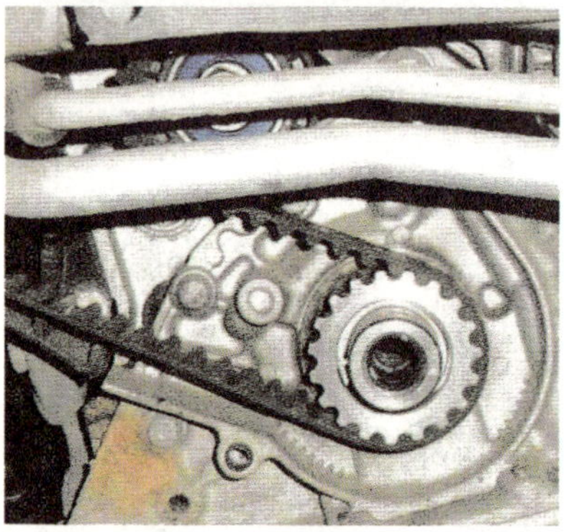	卸下 V 带	常用工具
步骤 9		松开水泵的紧固螺栓	常用工具
步骤 10		拆下水泵总成	常用工具

续表

实施步骤	图示	要点解读	使用工具
步骤11	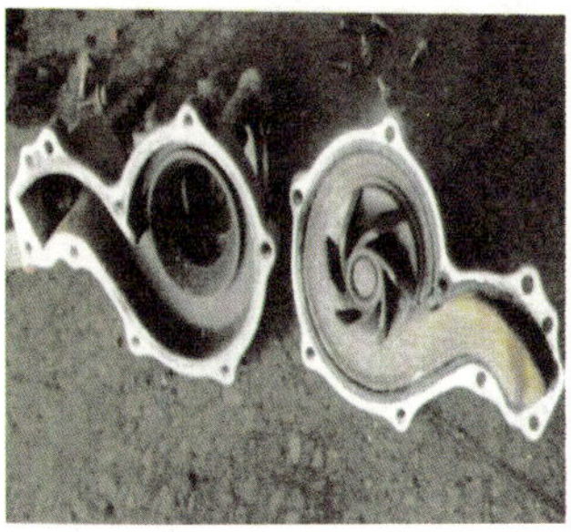	分解水泵	常用工具、台虎钳

2）冷却系统的安装

（1）安装水泵总成。

（2）安装水泵的紧固螺栓。

（3）安装 V 带。

（4）安装节温器。

（5）安装节温器盖。

（6）安装节温器盖安装螺栓。

（7）安装散热器。

（8）依次安装散热器安装支架、导风罩和膨胀水箱。

（9）安装散热器的冷却液软管，用鲤鱼钳安装冷却液管上的卡箍。

（10）安装电动机的电源插头和风扇罩壳上的热敏开关插头。

（11）向冷却系统内填充冷却液。

2. 分配任务

每 10 人一组，每组选出一名负责人，负责人对小组任务进行分配。组员按负责人要求完成相关任务内容，并将自己所在小组及个人任务内容填入表 2 – 24 中。

表 2 – 24　任务决策表

序号	小组任务	个人任务	负责人
1			
2			
3			
4			
5			
6			
7			
8			
9			
10			

3. 制订计划

根据任务内容制订拆卸计划，简要说明任务实施过程及注意事项，并填入表 2-25 中。

表 2-25 任务计划表

车型：		工作内容：	
序号	工作步骤	工具/辅具	注意事项
1			
2			
3			
4			
5			
6			
7			
8			

2.4.5 检测评价

发动机冷却系统拆装考核与成绩评定见表 2-26。

表 2-26 发动机冷却系统拆装考核与成绩评定

序号	考核内容	配分	评分标准	得分
1	正确使用工具、仪器	20	操作不当每次扣 5 分	
2	散热器的拆装	20	操作不当每次扣 5 分	
3	节温器的拆装	20	操作不当每次扣 5 分	
4	水泵的拆装	20	操作不当每次扣 5 分	
5	实训场地 5S 规范、安全用电、防火、无人身、设备事故	20	因操作不当发生重大事故，此次实训按 0 分计	
分数总计		100		

项目二 汽车发动机的拆装

2.4.6 学习心得

形式：总结
时间：10 min
记录：

任务 2.5 润滑系统的拆装

2.5.1 任务引入

润滑系统由哪些零件组成？在拆卸的过程中应该注意什么？明确主要任务，说明生产过程和工艺过程，学习基本原理知识，熟悉规范的操作流程，掌握拆装机油泵的基本技能。

2.5.2 任务目标

1. 职业目标

（1）掌握汽车发动机润滑系统主要零部件的拆装。
（2）进一步加深对机油泵和机油滤清器结构及工作原理的理解。
（3）润滑系统装配能够达到中级汽车装调工水平。

2. 素质目标

（1）培养学生爱岗敬业的工匠精神，培养爱国主义精神。
（2）熟悉和掌握安全操作常识及职业守则，培养文明生产的良好习惯。
（3）深入培养学生按照5S管理标准对工作场地进行快速整理的能力。

2.5.3 相关知识

1. 润滑系统组成

润滑系统的组成如图2-16所示。

润滑系统组成

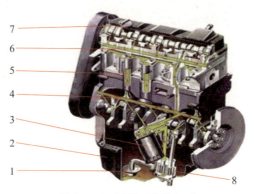

图 2–16 润滑系统的组成

1—机油集滤器；2—油底壳；3—机油滤芯；4—主油道；5—回油通道；
6—缸盖油道；7—机油加注口；8—机油泵

2.5.4 任务实施

1. 润滑系统的拆装

1）实施步骤

润滑系统的拆卸步骤见表 2–27。

更换机油泵

表 2–27 润滑系统的拆卸步骤

实施步骤	图示	要点解读	使用工具
步骤1		放净油底壳中的机油	常用工具
步骤2		拆卸机油滤清器和油底壳，露出机油泵	常用工具

续表

实施步骤	图示	要点解读	使用工具
步骤3		拆下机油泵总成紧固螺栓，将总成一起拆卸下来，清洗机油泵，倒净内部的机油，然后用碱水或汽油清洗外部的油垢，并做好分解前的准备工作	常用工具、毛刷
步骤4	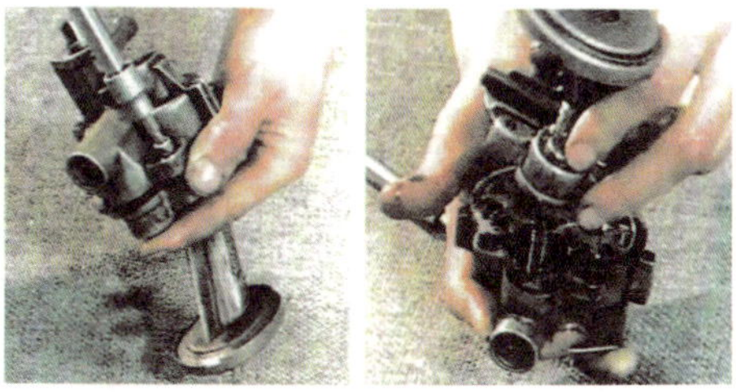	取下泵盖的紧固螺钉，拆下泵盖，倒出剩余的机油，并取下松套在从动轴上的从动齿轮（注意泵盖下的垫片不要弄破或丢失）	常用工具
步骤5		拆卸主动齿轮轴时，必须先取掉联轴器上的铆钉，取时用锉刀锉去铆钉后将铆钉冲出，也可直接敲击轴端将铆钉剪断。取下联轴器后，主动齿轮轴连同主动齿轮可一起从齿轮室侧抽出	常用工具
步骤6		清洗主、从动齿轮	常用工具、毛刷

续表

实施步骤	图示	要点解读	使用工具
步骤7		用钩子将机油泵限压阀闷头拆下,取出弹簧	钩子
步骤8		用压缩空气吹出限压阀	压缩空气枪
步骤9		机油泵装复后,用手转动机油泵齿轮应该转动自如,无卡阻现象	
步骤10		用专用工具拆卸机油滤清器	常用工具、机油滤扳手

2)润滑系统的安装

(1)将限压阀装到下体上。

(2)将主、从动齿轮以及主、从动齿轮轴装到中体上,并在主、从动齿轮之间涂上凡士林。

(3)其余部件按照与拆卸的相反顺序装复。

（4）机油泵装复后，用手转动机油泵齿轮应该转动自如，无卡阻现象。

（5）安装新滤清器时，应在密封圈上涂上干净的机油。若不涂机油，则安装时密封圈与接合面发生干摩擦，密封圈易翘曲和损坏，造成密封不良而漏油。

（6）用手轻轻拧紧旧滤清器，直到感觉有阻力为止，再用专用工具重新拧紧机油滤清器3/4圈。

2. 分配任务

每10人一组，每组选出一名负责人，负责人对小组任务进行分配。组员按负责人要求完成相关任务内容，并将自己所在小组及个人任务内容填入表2-28中。

表 2-28 任务决策表

序号	小组任务	个人任务	负责人
1			
2			
3			
4			
5			
6			
7			
8			
9			
10			

3. 制订计划

根据任务内容制订拆卸计划，简要说明任务实施过程及注意事项，并填入表2-29中。

表 2-29 任务计划表

车型：		工作内容：	
序号	工作步骤	工具/辅具	注意事项
1			
2			
3			
4			
5			
6			
7			
8			

2.5.5 检测评价

发动机润滑系统拆装考核与成绩评定见表 2-30。

表 2-30　发动机润滑系统拆装考核与成绩评定

序号	考核内容	配分	评分标准	得分
1	正确使用工具、仪器	20	操作不当每次扣 5 分	
2	机油泵的拆装	30	操作不当每次扣 5 分	
3	机油滤清器的拆装	20	操作不当每次扣 5 分	
4	油底壳的拆装	10	操作不当每次扣 5 分	
9	实训场地 5S 规范，安全用电，防火，无人身、设备事故	20	因操作不当发生重大事故，此次实训按 0 分计	
分数总计		100		

2.5.6 学习心得

形式：总结
时间：10 min
记录：

任务 2.6　起动系统和点火系统的拆装

2.6.1 任务引入

起动系统和点火系统由哪些零件组成？在拆卸的过程中应该注意什么？明确主要任务，说明生产过程和工艺过程，学习基本原理知识，熟悉规范的操作流程，掌握拆装起动系统和点火系统的基本技能。

2.6.2 任务目标

1. 职业目标

（1）明确起动系统和点火系统的组成及更换的工艺流程。

（2）会对起动机性能进行检验。

（3）根据《维修手册》，与同学协作规范地更换起动机总成。

（4）在拆装起动系统和点火系统时会分析起动和点火电路，掌握正确拆装顺序的相关知识。

（5）启动系统和点火系统装配能够达到中级汽车装调工水平。

2. 素质目标

（1）引导学生建立更加深刻的家国情怀，加强学生为建设祖国更美好的未来而努力奉献的决心。

（2）熟练掌握相关工作手册的使用方法，养成严格按照工作手册进行拆装操作的良好工作习惯。

（3）培养学生的责任意识并学会深入思考个人的职业梦想与规划。

2.6.3 相关知识

1. 起动系统的组成

起动系统的组成如图 2-17 所示。

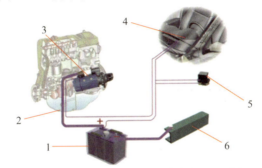

起动系统
功用 V1

图 2-17 起动系统的组成

1—蓄电池；2—电瓶线；3—起动机；4—点火开关；5—起动继电器；6—车架搭铁

2. 点火系统的组成

点火系统的组成如图 2-18 所示。

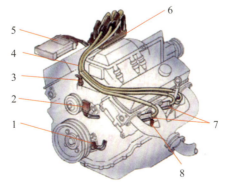

图 2-18 点火系统的组成

1—曲轴位置传感器；2—凸轮轴位置传感器；3—水温传感器；4—高压缸线；
5—电子控制模块；6—点火线圈；7—火花塞；8—爆震传感器

2.6.4 任务实施

1. 起动系统拆装实施步骤

（1）起动系统的拆卸。

起动系统的拆卸步骤见表 2 – 31。

表 2 – 31　起动系统的拆卸步骤

实施步骤	图示	要点解读	使用工具
步骤1	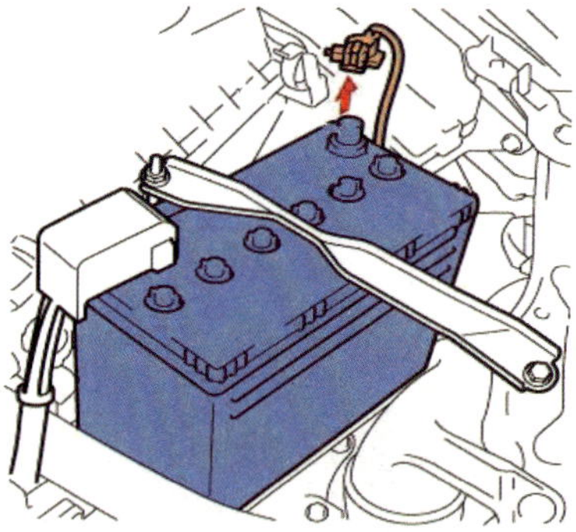	拆卸电瓶线之前要确定车辆是否配备原车防盗及收音机防盗功能，如配备要先找到密码	常用工具
步骤2	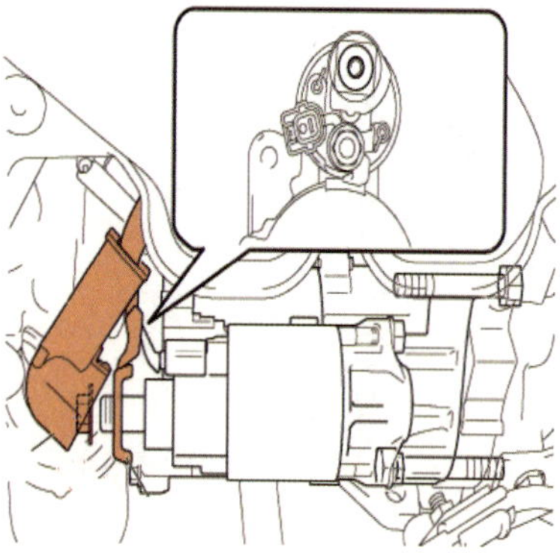	移除防短路盖，拆下起动机电缆，拔下连接器	常用工具
步骤3	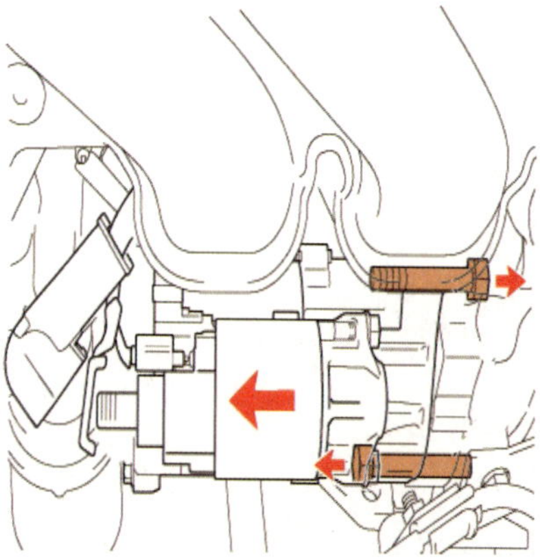	拧下起动机螺栓，拆下起动机总成	常用工具

续表

实施步骤	图示	要点解读	使用工具
步骤4	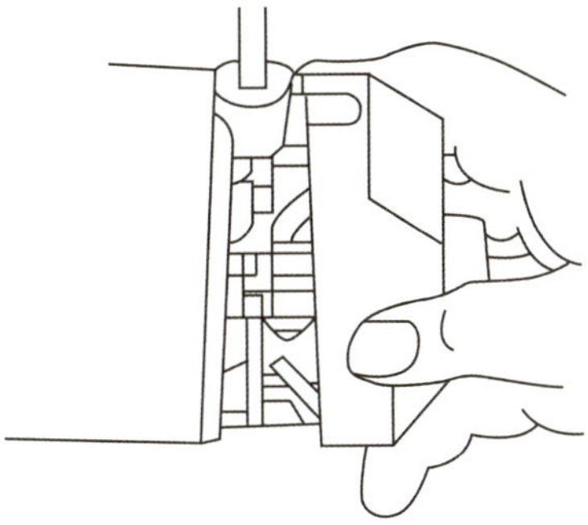	拆下起动机的两个穿心螺栓，取下前端盖	常用工具
步骤5	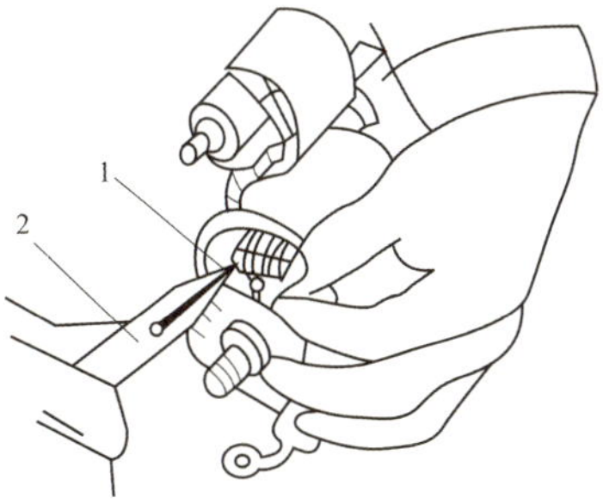	用尖嘴钳抬起电刷弹簧，从电刷架和转子轴上取下电刷（图中1是电刷弹簧，2是尖嘴钳）	常用工具、尖嘴钳
步骤6	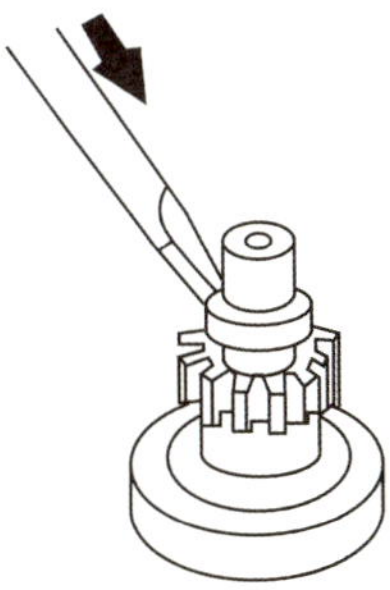	从转子轴上取下止推垫圈，撬出卡簧	常用工具

（2）起动系统的安装。

①将离合器套在转子轴上，装上止推垫圈、卡簧和垫圈。

②将转子和离合器插入后端盖内，装上拨叉，套上机体。

③将电刷架装在转子轴上，装上电刷。

④装上前端盖，装上起动机的两个穿心螺栓。

⑤装上前端盖上的轴承盖，拧紧轴承盖螺栓。

⑥装上电磁开关，并使铁芯与拨叉结合，装上电磁开关的两个紧固螺栓。

⑦装上导线接头，拧紧电磁开关至直流起动机导线的紧固螺母。

1）分配任务

每10人一组，每组选出一名负责人，负责人对小组任务进行分配。组员按负责人要求完成相关任务内容，并将自己所在小组及个人任务内容填入表2－32中。

表2-32 任务决策表

序号	小组任务	个人任务	负责人
1			
2			
3			
4			
5			
6			
7			
8			
9			
10			

2）制订计划

根据任务内容制订拆卸计划，简要说明任务实施过程及注意事项，并填入表2-33中。

表2-33 任务计划表

车型：		工作内容：	
序号	工作步骤	工具/辅具	注意事项
1			
2			
3			
4			
5			
6			
7			
8			

2. 点火系统拆装实施步骤

（1）点火系统的拆卸。

点火系统的拆卸步骤见表 2–34。

火花塞与
点火线圈拆装

表 2–34 点火系统的拆卸步骤

实施步骤	图示	要点解读	使用工具
步骤 1		固定汽车，断开蓄电池负极	常用工具
步骤 2		卸下点火开关	常用工具、螺丝刀
步骤 3		拆下发动机 ECU 的连接线及点火线圈	常用工具
步骤 4		拆卸点火系统的高压线	常用工具

续表

实施步骤	图示	要点解读	使用工具
步骤5	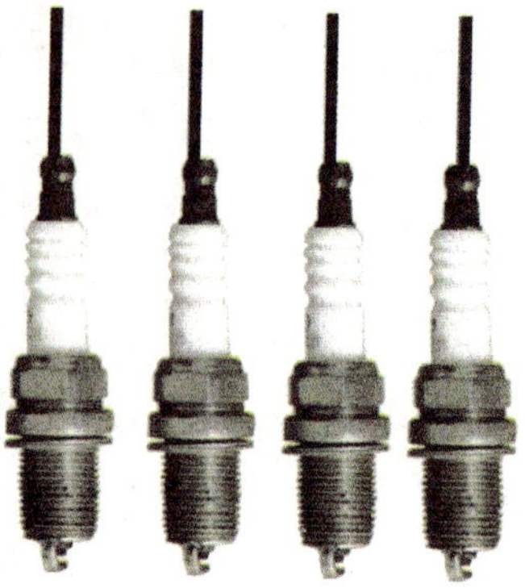 火花塞	用火花塞套筒扳手取下火花塞	常用工具、火花塞套筒扳手

（2）点火系统的安装。

①安装火花塞。

②安装带点火线圈的高压线。

③安装发动机 ECU 的连接线。

④安装点火开关。

⑤连接蓄电池负极。

1）分配任务

每 10 人一组，每组选出一名负责人，负责人对小组任务进行分配。组员按负责人要求完成相关任务内容，并将自己所在小组及个人任务内容填入表 2-35 中。

表 2-35 任务决策表

序号	小组任务	个人任务	负责人
1			
2			
3			
4			
5			
6			
7			
8			
9			
10			

2）制订计划

根据任务内容制订拆卸计划，简要说明任务实施过程及注意事项，并填入表 2-36 中。

表 2-36 任务计划表

车型：		工作内容：	
序号	工作步骤	工具/辅具	注意事项
1			
2			
3			
4			
5			
6			
7			
8			

2.6.5 检测评价

发动机点火系统和起动系统拆装考核与成绩评定见表 2-37。

表 2-37 发动机点火系统和起动系统拆装考核与成绩评定

序号	考核内容	配分	评分标准	得分
1	正确使用工具、仪器	10	操作不当每次扣 5 分	
2	起动系统的拆卸	20	操作不当每次扣 5 分	
3	起动系统的安装	15	操作不当每次扣 5 分	
4	点火系统的拆卸	20	操作不当每次扣 5 分	
5	点火系统的安装	15	操作不当每次扣 5 分	
6	实训场地 5S 规范，安全用电、防火，无人身、设备事故	20	因操作不当发生重大事故，此次实训按 0 分计	
分数总计		100		

2.6.6　学习心得

形式：总结
时间：10 min
记录：

🛠 任务 2.7　燃油供给系统的拆装

2.7.1　任务引入

燃油供给系统由哪些零件组成？在拆卸的过程中应该注意什么？明确主要任务，说明生产过程和工艺过程，学习基本原理知识，熟悉规范的操作流程，掌握拆装燃油泵的基本技能。

2.7.2　任务目标

1. 职业目标

（1）掌握汽车发动机燃油系统主要零部件的拆装。
（2）掌握燃油供给系统的结构与工作原理。
（3）燃油供给系统装配能够达到中级汽车装调工水平。

2. 素质目标

（1）培养学生的爱国主义精神和奉献精神。
（2）熟练掌握安全操作常识及职业守则，牢固安全文明生产的工作意识。
（3）树立良好的环保意识，养成严格按照环保标准对公害物质进行处理的良好工作习惯。

燃油供给
系统组成

2.7.3　相关知识

燃油供给系统的组成如图 2-19 所示。

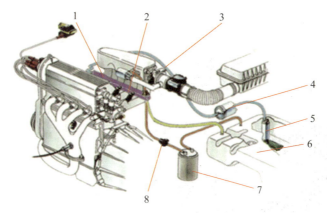

图 2-19 燃油供给系统的组成

1—供油架；2—喷油器；3—燃油管路；4—汽油滤清器；5—电动汽油泵；
6—燃油箱；7—活性炭罐；8—活性炭罐电磁阀

2.7.4 任务实施

1. 实施步骤

（1）燃油泵和燃油滤清器的拆卸。

燃油泵和燃油滤清器的拆卸步骤见表 2-38。

电动燃油泵的拆卸

更换燃油滤清器

表 2-38 燃油泵和燃油滤清器的拆卸步骤

实施步骤	图示	要点解读	使用工具
步骤1		将蓄电池搭铁断开，释放燃油系统的油压。大多数汽油泵位于后排座的下面，掀起座椅椅面，打开看到的塑料盖，就可以看见汽油泵的上盖	常用工具
步骤2		松开汽油泵上端进、回油管的卡箍	常用工具

续表

实施步骤	图示	要点解读	使用工具
步骤3	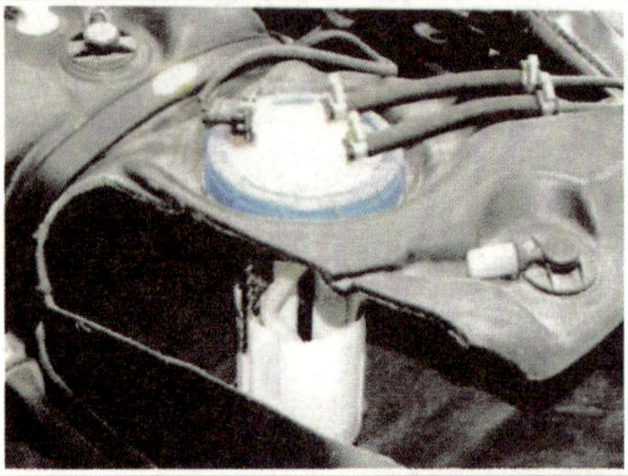	断开电源插头	常用工具
步骤4		取下电动燃油泵	常用工具
步骤5		举升车辆到合适的高度	常用工具
步骤6	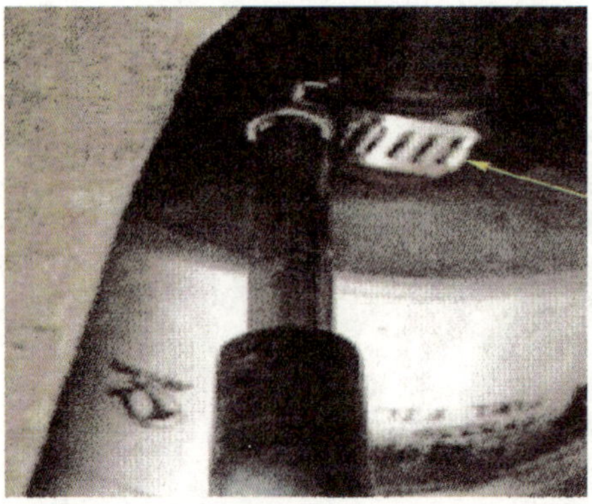	用十字螺丝刀松开滤清器出口一头的管路,把燃油管路的燃油放入接油容器中	常用工具、螺丝刀、毛刷

续表

实施步骤	图示	要点解读	使用工具
步骤7	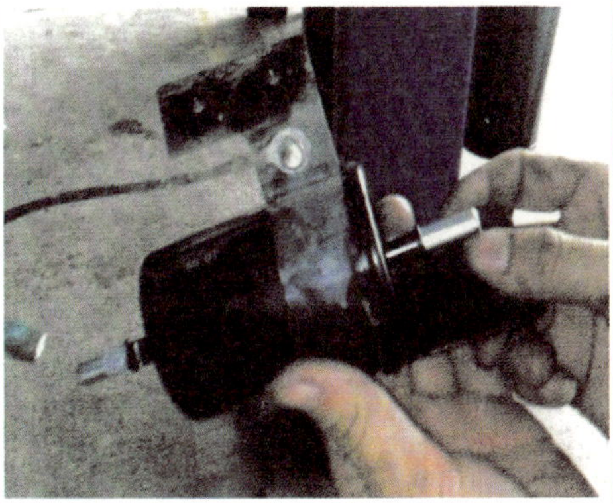	拆下汽油滤清器	钳子

（2）燃油泵和燃油滤清器的安装。

电动燃油泵的安装步骤如下：

①按照与拆卸相反的顺序装好电动燃油泵总成。

②将电动燃油泵托架总成装入燃油箱（注意装好密封垫圈），拧紧紧固螺钉。

③连接好出油管、回油管和线束插头。

④重新连接蓄电池搭铁。

⑤检查是否泄漏，接通点火开关 2 s 后关闭，检查是否泄漏。

汽油滤清器的安装步骤如下：

①把新滤清器的进口端接到燃油泵出油管，锁紧管路。安装时注意汽油滤清器的方向，汽油滤清器上箭头的方向由燃油箱流向发动机。

②检查管路安装牢靠后，把滤清器放回原来的位置并固定好，锁紧管路，固定到位。

③降下车辆。

④装回燃油泵熔丝。

⑤检查燃油管路有无渗漏。

2. 分配任务

每 10 人一组，每组选出一名负责人，负责人对小组任务进行分配。组员按负责人要求完成相关任务内容，并将自己所在小组及个人任务内容填入表 2-39 中。

表 2-39 任务决策表

序号	小组任务	个人任务	负责人
1			
2			
3			

续表

序号	小组任务	个人任务	负责人
4			
5			
6			
7			
8			
9			
10			

3. 制订计划

根据任务内容制订拆卸计划，简要说明任务实施过程及注意事项，并填入表 2-40 中。

表 2-40 任务计划表

车型：		工作内容：	
序号	工作步骤	工具/辅具	注意事项
1			
2			
3			
4			
5			
6			
7			
8			

2.7.5 检测评价

发动机燃油供给系统拆装考核与成绩评定见表 2-41。

表 2-41 发动机燃油供给系统拆装考核与成绩评定

序号	考核内容	配分	评分标准	得分
1	正确使用工具、仪器	10	操作不当每次扣 5 分	
2	燃油泵的拆卸	20	操作不当每次扣 5 分	
3	燃油泵的安装	20	操作不当每次扣 5 分	
4	燃油滤清器的拆卸	15	操作不当每次扣 5 分	
5	燃油滤清器的安装	15	操作不当每次扣 5 分	
6	实训场地 5S 规范，安全用电，防火，无人身、设备事故	20	因操作不当发生重大事故，此次实训按 0 分计	
分数总计		100		

2.7.6 学习心得

形式：总结
时间：10 min
记录：

项目三
汽车底盘总成的拆装

项目描述

底盘的作用是支撑和安装汽车发动机及其各部件、总成,形成汽车的整体造型,并接受发动机的动力,使汽车产生运动,保证正常行驶。底盘由传动系统、行驶系统、转向系统和制动系统4部分组成。本项目将针对汽车底盘4大组成部分进行拆装,需要重点掌握汽车底盘各个部分的名称、结构、工作原理以及拆装注意事项。

任务 3.1 传动系统的拆装

3.1.1 任务引入

传动系统由哪几部分组成?每部分都由哪些零件组成?在拆卸的过程中应该注意什么?明确主要任务,说明生产过程和工艺过程,学习基本原理知识,熟悉规范的操作流程,掌握拆装离合器、变速箱和半轴的基本技能。

3.1.2 任务目标

1. 职业目标

(1)学会汽车传动系统的正确拆装方法。
(2)进一步掌握离合器、手动变速器、自动变速器、传动轴、半轴、万向传动装置、主减速器、差速器以及分动器的结构和工作原理。
(3)传动系统装配能够达到中级汽车装调工水平。

2. 素质目标

(1)培养学生爱国主义精神及勤奋好学的良好品质。
(2)培养团队意识,在工作中不断强化学生团队的分工与合作能力。
(3)强化5S管理制度的贯彻与实施,保证学生养成良好的工程意识与工作习惯。

3.1.3 相关知识

1. 传动系统的组成

传动系统由离合器、变速器、主减速器和半轴组成,如图3-1所示。

传动系统的动力传递过程

项目(三) 汽车底盘总成的拆装

离合器的作用

图 3-1 传动系统的组成
1—离合器；2—变速器；3—主减速器；4—半轴

2. 汽车离合器的功用

汽车离合器位于发动机和手动传动桥（手动变速器）之间，并通过操作离合器踏板来连接和切断发动机的动力，并可逐渐地将来自发动机的动力传送到驱动轮，以便稳定起动汽车，并在驾驶汽车过程中根据各种条件稳定地换挡。所以，离合器的功用概括地说主要有以下3点：

（1）平顺接合动力，保证汽车平稳起步。
（2）临时切断动力，保证换挡时工作平顺。
（3）防止传动系统过载。

3. 变速器的功用与类型

1）变速器的功用
①改变传动比，从而改变传递给驱动轮的转矩和转速；
②实现倒车；
③利用空挡中断动力的传递。

变速器功用

2）变速器的组成
①变速传动机构；
②变速操纵机构。

3）变速器的类型
①按传动比变化方式的不同，变速器可分为有级式、无级式和综合式3种；
②按换挡操纵方式的不同，变速器可分为手动操纵式、自动操纵式和半自动操纵式3种。

半轴功用

4. 半轴的功用

半轴是变速箱减速器与驱动轮之间传递扭矩的轴，其内外端各有一个万向节，分别通过万向节上的花键与减速器齿轮及轮毂轴承内圈连接。

3.1.4 任务实施

1. 离合器的拆装

1）离合器的拆卸实施步骤
离合器的拆卸步骤见表3-1。

拆卸和安装
离合器总成

表 3-1　离合器的拆卸步骤

实施步骤	图示	要点解读	使用工具
步骤 1		拆装前的准备工作：在拆卸周布弹簧式离合器时，应首先将发动机上的手动变速器拆下，并从变速器第一轴上取下离合器的分离轴承座总成。拆装周布弹簧式离合器时，应当在拆装工作台上进行	常用工具
步骤 2		使用离合器拆装工具，如左图所示	离合器拆装工具
步骤 3	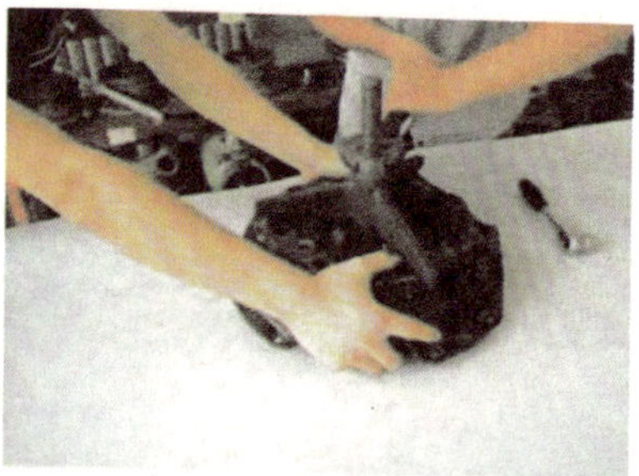	将离合器盖和压盘总成放置在离合器拆装工具上，旋紧离合器拆装工具上的压紧螺母，压缩离合器压紧弹簧	离合器拆装工具、常用工具
步骤 4	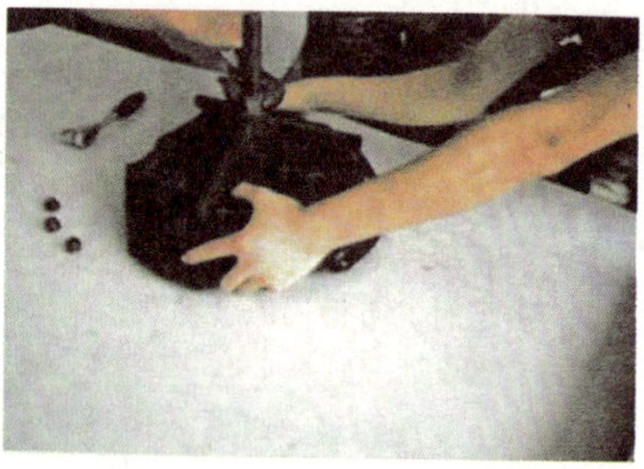	拆除分离杠杆，调整螺钉上的锁紧螺母和调整螺母，拆除连接钢片和压盘的连接螺栓，缓慢旋松离合器拆装工具上的压紧螺母	离合器拆装工具、常用工具
步骤 5		放松离合器弹簧，分解离合器盖和压盘总成	常用工具

续表

实施步骤	图示	要点解读	使用工具
步骤6		取出压紧弹簧	常用工具
步骤7	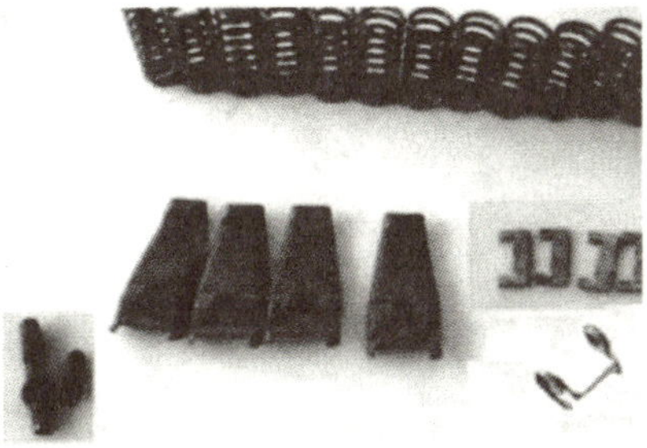	取出分离杠杆、销钉和分离杠杆弹簧	常用工具
步骤8	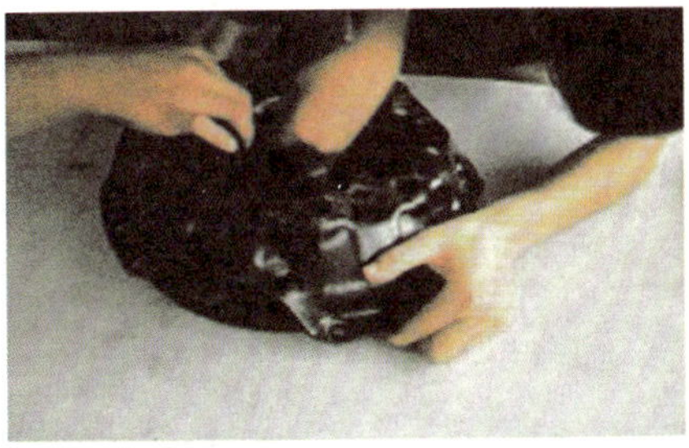	将销钉、分离杠杆等零件装在离合器压盘上	常用工具
步骤9		将分离杠杆弹簧安装在离合器盖上，装配压盘总成和离合器盖总成以及压紧弹簧，如左图所示。最后将离合器总成和从动盘总成装在飞轮上，并用螺钉紧固	常用工具

2）离合器的安装

（1）将销钉、分离杠杆等零件装在离合器压盘上。

（2）将分离杠杆弹簧安装在离合器盖上，装配压盘总成和离合器盖总成以及压紧弹簧。

（3）缓慢旋紧离合器拆装工具，压缩离合器压紧弹簧，安装锁紧螺母、调整螺母以及连接钢片和压盘的连接螺栓。

（4）将离合器总成和从动盘总成装在飞轮上，并用螺钉紧固。

1）分配任务

每10人一组，每组选出一名负责人，负责人对小组任务进行分配。组员按负责人要求完成相关任务内容，并将自己所在小组及个人任务内容填入表3-2中。

表3-2 任务决策表

序号	小组任务	个人任务	负责人
1			
2			
3			
4			
5			
6			
7			
8			
9			
10			

2）制订计划

根据任务内容制订拆装计划，简要说明任务实施过程及注意事项，并填入表3-3中。

表3-3 任务计划表

车型：		工作内容：	
序号	工作步骤	工具/辅具	注意事项
1			
2			
3			
4			
5			
6			
7			
8			

2. 手动变速器的拆装实施步骤

1) 拆装前准备

分解手动变速器时,应当先将手动变速器从车上拆下。首先旋出放油螺塞,放净变速器内的润滑油。然后拆卸传动轴,拆去变速器与离合器壳的紧固螺栓,离合器分离轴承座以及驻车制动器总成即可拆下。拆装 5 速手动变速器总成时,应当在拆装工作台上进行。

拆装时,应注意以下两点:

①所有零件必须彻底清洗,并用压缩空气吹干。

②装配时,不得用硬金属直接敲击轴承和其他重要配合零件。

手动变速器的拆卸步骤见表 3-4。

变速器分解与装配

表 3-4 手动变速器的拆卸步骤

实施步骤	图示	要点解读	使用工具
步骤1	(推力轴承)	将变速器置于拆装台上,将挡位置于空挡状态。取出离合器推力轴承	常用工具
步骤2		取下放油螺塞,放出变速器油	常用工具
步骤3		拆下选挡、换挡止动螺栓和倒挡止动螺栓,拆下换挡机构	常用工具

续表

实施步骤	图示	要点解读	使用工具
步骤4		拆下变速器后壳体,由于有密封胶,拆卸时可用木槌或铜棒敲击	常用工具、木槌、铜棒
步骤5		分解变速器上、下壳体	常用工具
步骤6		拔出输入轴和输出轴总成	常用工具
步骤7		分解变速器输出轴:将第1轴和第2轴分开	常用工具

续表

实施步骤	图示	要点解读	使用工具
步骤8	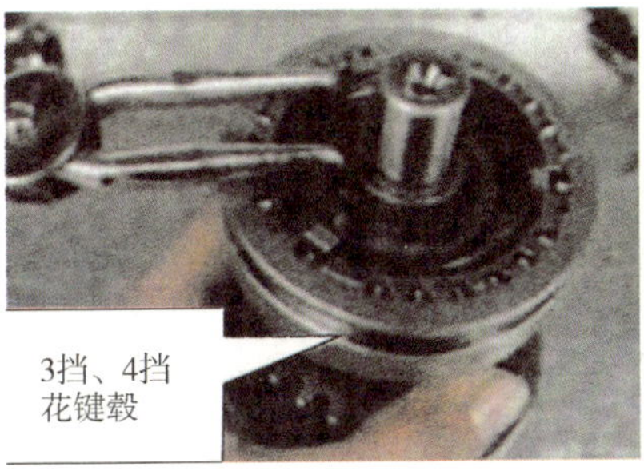 (3挡、4挡花键毂)	拆下3挡、4挡花键毂卡环	常用工具、卡簧钳
步骤9	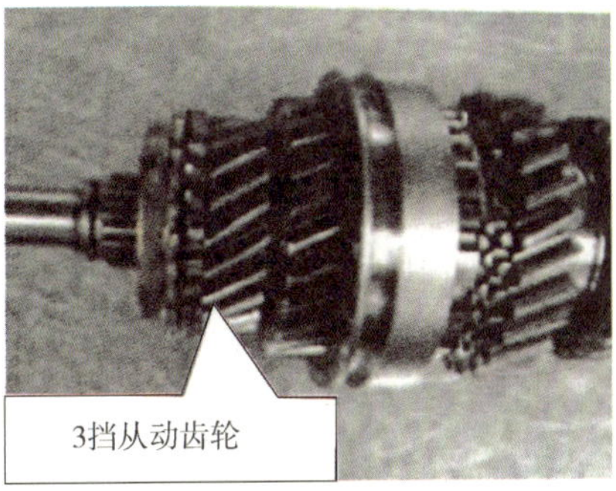 (3挡从动齿轮)	取下花键毂和3挡从动齿轮及同步器锁环	常用工具
步骤10		用卡簧钳拆下卡环,取出车速里程表传动齿轮	常用工具、卡簧钳
步骤11		用专用工具取下卡环,拉出后端支撑轴承	常用工具、拉拔器

续表

实施步骤	图示	要点解读	使用工具
步骤12	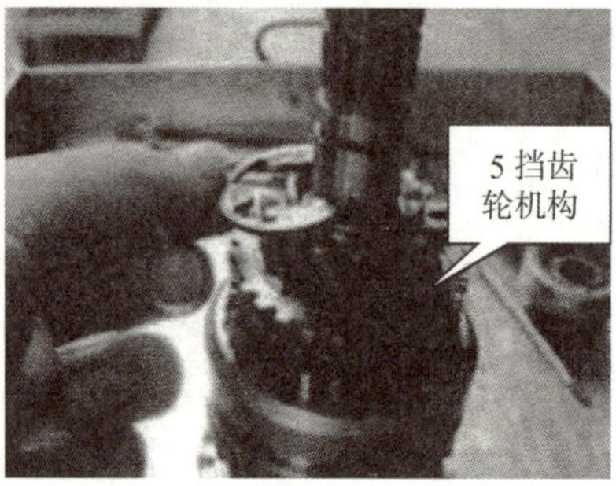 (5挡齿轮机构)	取下5挡从动齿轮卡环、后端轴承，取下5挡从动齿轮及同步器	常用工具、卡簧钳
步骤13		取下同步器卡环，拆下5挡、倒挡同步器	常用工具
步骤14	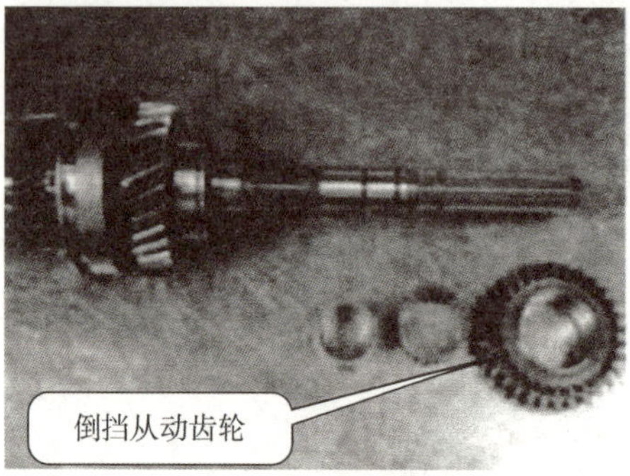 (倒挡从动齿轮)	拆卸倒挡从动齿轮	常用工具
步骤15		用专用工具拆卸中间支撑轴承	常用工具

续表

实施步骤	图示	要点解读	使用工具
步骤16		拆卸1挡从动齿轮	常用工具
步骤17		拆卸1挡、2挡同步器	常用工具
步骤18		拆卸2挡从动齿轮	常用工具

（2）安装。

①安装2挡从动齿轮。

②安装1挡、2挡同步器。

③安装1挡从动齿轮。

④安装中间支撑轴承。

⑤安装倒挡从动齿轮。

⑥安装5挡、倒挡同步器，安装同步器卡环。

⑦安装5挡从动齿轮、后端轴承以及5挡从动齿轮卡环。

⑧安装后端支撑轴承，并安装卡环。

⑨安装车速里程表传动齿轮，并安装卡环。

⑩安装3挡从动齿轮，安装3挡、4挡花键毂并安装卡环，安装同步器锁环。

⑪组合第1轴和第2轴。

⑫将第1轴和第2轴组合成的变速器输入/输出机构放入变速器壳体。

⑬安装变速器上、下壳体。
⑭安装变速器后壳体,注意涂上密封胶。
⑮安装换挡机构。
⑯安装倒挡止动螺栓和选挡、换挡止动螺栓。
⑰加入变速箱油,安装放油螺塞。
⑱安装离合器推力轴承。

2)分配任务

每10人一组,每组选出一名负责人,负责人对小组任务进行分配。组员按负责人要求完成相关任务内容,并将自己所在小组及个人任务内容填入表3-5中。

表3-5 任务决策表

序号	小组任务	个人任务	负责人
1			
2			
3			
4			
5			
6			
7			
8			
9			
10			

3)制订计划

根据任务内容制订拆装计划,简要说明任务实施过程及注意事项,并填入表3-6中。

表3-6 任务计划表

车型:		工作内容:	
序号	工作步骤	工具/辅具	注意事项
1			
2			
3			

续表

序号	工作步骤	工具/辅具	注意事项
4			
5			
6			
7			
8			

3. 自动变速器的拆装实施步骤

1）拆装前的准备工作

自动变速器组成

自动变速器的拆卸方法和普通齿轮变速器有所不同，必须按照正确的步骤进行，以免损坏自动变速器。在拆卸自动变速器之前，应关闭汽车的点火开关。拆下蓄电池负极电缆，放掉自动变速器中的液压油，然后按照下列步骤准备自动变速器总成的拆卸。拆装自动变速器总成时，应当在翻转台架上或者拆装工作台上进行。拆装前，先按照以下步骤将自动变速器从车上拆下。

①拆下与节气门摇臂连接的自动变速器节气门拉索，拔下自动变速器上的所有线束插头。拆除车速表软轴、液压油加油管、散热器油管、操纵手柄与手动阀摇臂的接杆等所有与自动变速器连接的零部件。

②拆去排气管中段，拆除自动变速器下方的护罩和护板等。

③松开传动轴与自动变速器输出轴的连接螺栓，拆下传动轴。

④拆下飞轮壳盖板，用螺钉旋具撬动飞轮，逐个拆下飞轮与变矩器的连接螺栓。

⑤拆下起动机。

⑥拆下自动变速器与车架的连接支架，用千斤顶托住自动变速器。

⑦拆下自动变速器和飞轮壳的连接螺栓，将变矩器和自动变速器一同抬下。在抬下自动变速器时，应扶住变扭器，以防止其滑落。

2）拆卸自动变速器（A341E）

自动变速器（A341E）的拆卸步骤见表 3-7。

表 3-7 自动变速器（A341E）的拆卸步骤

实施步骤	图示	要点解读	使用工具
步骤1		松开紧固螺栓，拆下自动变速器前端的液力变矩器壳体	常用工具

续表

实施步骤	图示	要点解读	使用工具
步骤2		拆出输出轴凸缘和自动变速器后端壳，从输出轴上拆下车速传感器感应转子	常用工具
步骤3		拆下油底壳，松开进油滤网与阀板之间的紧固螺栓，从阀板上拆下进油滤网	常用工具
步骤4		拔下连接在阀板上的所有线束插头，拆除与节气门阀连接的节气门拉索，松开阀板与自动变速器壳体之间的紧固螺栓，拆下阀板总成	常用工具
步骤5		拆下油泵周围的紧固螺栓。用专用顶拔器拔出油泵总成	常用工具、顶拔器

续表

实施步骤	图示	要点解读	使用工具
步骤6		从自动变速器前方取出超速行星架和直接离合器组件	常用工具
步骤7		拆卸超速齿圈	常用工具
步骤8		拆卸超速制动器。用螺钉旋具拆下超速制动器卡环，取出超速制动器钢片和摩擦片。 拆下超速制动器（鼓）的卡环，松开壳体上的紧固螺栓，用顶拔器拔出超速制动器（鼓）	常用工具、卡簧钳
步骤9		拆出中间轴、高挡及倒挡离合器	常用工具

续表

实施步骤	图示	要点解读	使用工具
步骤10		拆出前进离合器组件	
步骤11		拆出前行星架。取出前齿圈,将自动变速器立起,用木块垫住输出轴,拆下前行星架上的卡环,拆出前行星架和行星轮组件	常用工具
步骤12		取出前、后太阳轮组件	常用工具
步骤13	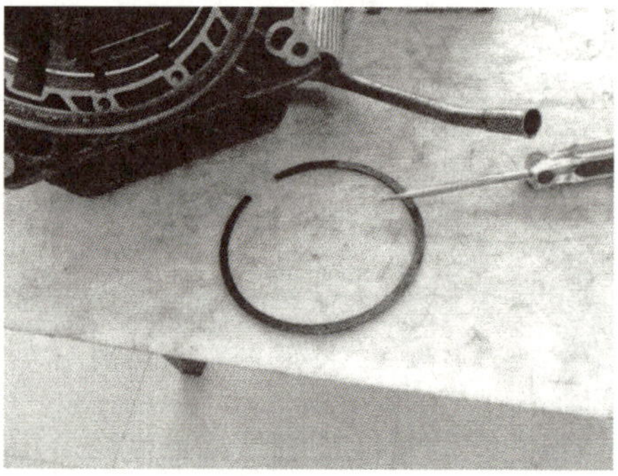	拆下低挡单向离合器	常用工具、螺丝刀

续表

实施步骤	图示	要点解读	使用工具
步骤14		拆卸2挡制动器。拆下卡环,取出所有摩擦片、钢片及活塞衬套,取出2挡制动器	常用工具
步骤15		拆卸输出轴、后行星排和低挡及倒挡制动器组件。拆下卡环,抓住输出轴,拆下输出轴	常用工具
步骤16		拆下后行星排、前进单向离合器	常用工具
步骤17	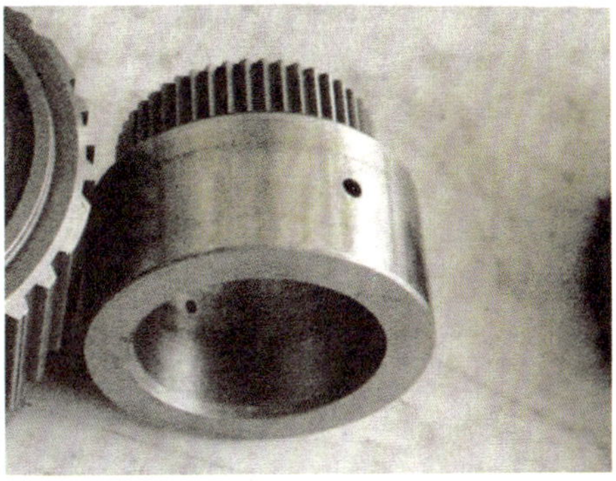	拆下单向离合器内环	常用工具

续表

实施步骤	图示	要点解读	使用工具
步骤18		拆下低挡及倒挡制动器摩擦片和钢片	常用工具
步骤19		拆下后齿圈	常用工具

3）分解阀板

液压控制阀板的分解，由于阀板中各个控制阀的加工精度和配合精度都极高，不正确的拆卸方法往往会损坏控制阀，影响其正常工作。因此，在拆卸阀板时，应注意以下几点：

①拆检阀板时，切不可让阀芯等重要零件掉落。不要将钢丝、螺钉旋具等硬物伸入阀孔中，以免损伤阀芯和阀孔的精密配合表面。

②阀板分解后的所有零件在清洗后，可用压缩空气吹干。不允许用棉布擦拭，以免沾上细小的纤维丝，造成控制阀卡滞。

③不要在阀板衬垫及控制阀的任何零件上使用密封胶或黏合剂。

④在分解阀板时，要有详细的技术资料（如阀板分解图）作为对照。拆下的各个控制阀零件要按顺序摆放，以便重装。另外，在分开上、下阀板时，要特别注意不要使阀板油道中的阀球、滤网等小零件掉出。在拿起上面的阀板时，要将隔板连同阀板一同拿起，待翻转阀板使油道一面朝上后再拿开隔板；认清上、下阀板油道中所有阀球等零件的位置并画在简图上，同时测量并记下不同直径的阀球的位置，然后才能取出阀球等零件，做进一步分解及阀板清洗工作。

4）安装自动变速器（A341E）

①安装阀板。

将清洗后的上、下阀板和所有控制阀零件放在干净的液压油中，让它浸泡几分钟。安装上、下阀板各控制阀，注意各控制阀弹簧的安装位置，切不可将各控制阀的弹簧装错。

将上阀板油道内的阀球装入。

用螺钉将隔板及隔板衬垫固定在上阀板上。

将上、下阀板合在一起,并将3种不同规格的阀板螺栓安装在不同的位置上,分2~3次将所有螺栓拧紧。阀板螺栓的标准拧紧力矩为6.1 N·m。

顺序安装电磁阀和手动阀等零件。

②安装变速箱。

将低挡及倒挡制动器摩擦片和钢片装入变速器壳体,并安装卡环。

将后齿圈装入变速器壳体。

将前进单向离合器装入后行星排内,将其总成装入后齿圈内。

将前进单向离合器内环装入后行星排中的前进单向离合器内。

从变速器壳体后部装入输出轴。

装入2挡制动器。

将2挡制动器的所有摩擦片、钢片及活塞衬套装入变速器壳体,并安装卡环。

装入低挡单向离合器。

装入前、后太阳轮组件。

装入前行星架和行星轮组件,装入前齿圈。

安装制动带。

安装前进离合器组件,安装高挡及倒挡离合器。

安装2挡强制制动带活塞。

安装超速制动器(鼓)及其摩擦片、钢片和卡环。

安装超速齿圈。

安装超速行星架和直接离合器组件。

安装油泵总成。

安装阀板、前/后壳体和油底壳。

5)自动变速器(01M)的拆卸

自动变速器(01M)的拆卸步骤见表3-8。

表3-8 自动变速器(01M)的拆卸步骤

实施步骤	图示	要点解读	使用工具
步骤1		拆下油底壳,拆下自动变速器油滤网	常用工具

续表

实施步骤	图示	要点解读	使用工具
步骤2	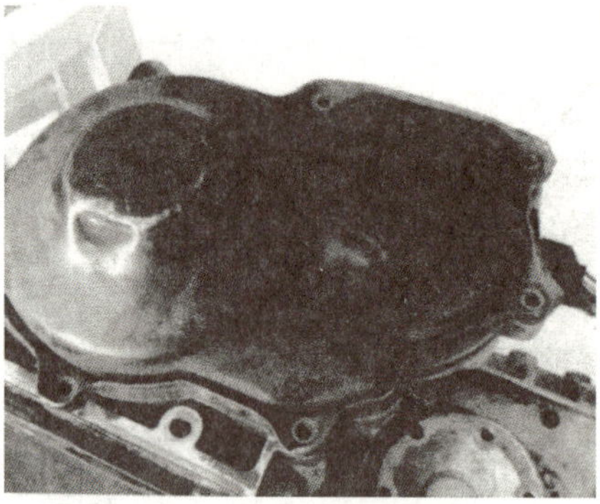	拆下端盖	常用工具
步骤3		拆下自动变速器油泵螺栓	常用工具
步骤4		取出油泵	常用工具
步骤5		拔出离合器	常用工具、专用工具

续表

实施步骤	图示	要点解读	使用工具
步骤6		固定大太阳轮	常用工具、螺丝刀
步骤7		拧下小输入轴螺栓	常用工具
步骤8		拔下小输入轴和大输入轴	常用工具、卡簧钳
步骤9	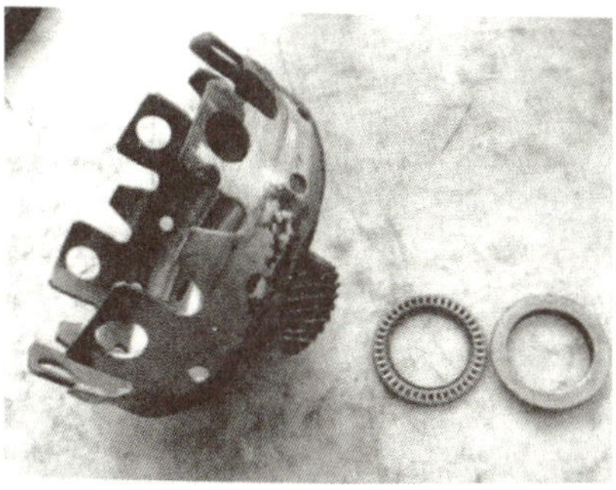	拔出大太阳轮	常用工具

续表

实施步骤	图示	要点解读	使用工具
步骤10		拆下弹性挡圈	常用工具、螺丝刀
步骤11	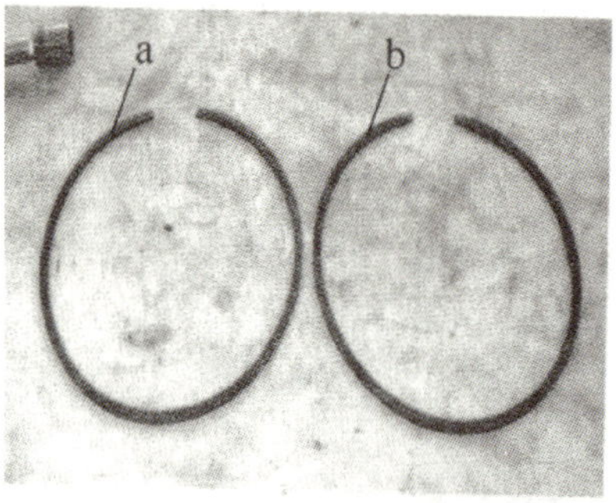	检查弹性挡圈	
步骤12		拔下单向离合器	常用工具、螺丝刀
步骤13		取出行星齿轮架	

续表

实施步骤	图示	要点解读	使用工具
步骤 14		取出碟形弹簧和 B1 制动器片	
步骤 15		取出小太阳轮	

6) 自动变速器（01M）的安装

自动变速器（01M）的安装步骤见表 3-9。

表 3-9 自动变速器（01M）的安装步骤

实施步骤	图示	要点解读	使用工具
步骤 1		装入滚针轴承和行星架	

续表

实施步骤	图示	要点解读	使用工具
步骤2		装入碟形弹簧和B1制动器片	
步骤3		装入单向离合器	专用工具
步骤4		装入大输入轴	常用工具
步骤5		装入小输入轴	常用工具

续表

实施步骤	图示	要点解读	使用工具
步骤6		拧上小输入轴紧固螺栓	常用工具、螺丝刀
步骤7		装配1挡、3挡离合器	常用工具
步骤8		将滚针轴承装到离合器上	常用工具
步骤9		将1挡、3挡离合器以及4挡离合器装入壳体	常用工具

续表

实施步骤	图示	要点解读	使用工具
步骤10		装入倒挡离合器	常用工具
步骤11		装入制动器片	常用工具
步骤12		装上油泵及油底壳	

7）分配任务

每10人一组，每组选出一名负责人，负责人对小组任务进行分配。组员按负责人要求完成相关任务内容，并将自己所在小组及个人任务内容填入表3-10中。

表 3-10　任务决策表

序号	小组任务	个人任务	负责人
1			
2			
3			
4			
5			
6			
7			
8			
9			
10			

8）制订计划

根据任务内容制订拆装计划，简要说明任务实施过程及注意事项，并填入表 3-11 中。

表 3-11　任务计划表

车型：		工作内容：	
序号	工作步骤	工具/辅具	注意事项
1			
2			
3			
4			
5			
6			
7			
8			

4. 半轴的拆装实施步骤

1）半轴的拆卸

半轴的拆卸步骤见表3-12。

表3-12 半轴的拆卸步骤

实施步骤	图示	要点解读	使用工具
步骤1	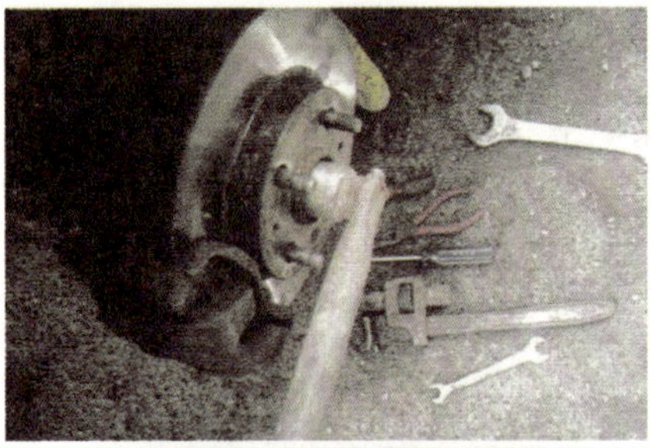	卸下车轮的大螺母	常用工具
步骤2	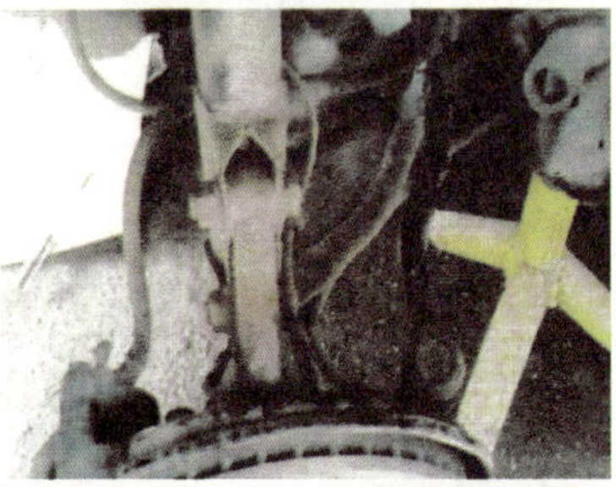	卸下减振螺钉	常用工具
步骤3		用锤砸球头上部	常用工具
步骤4	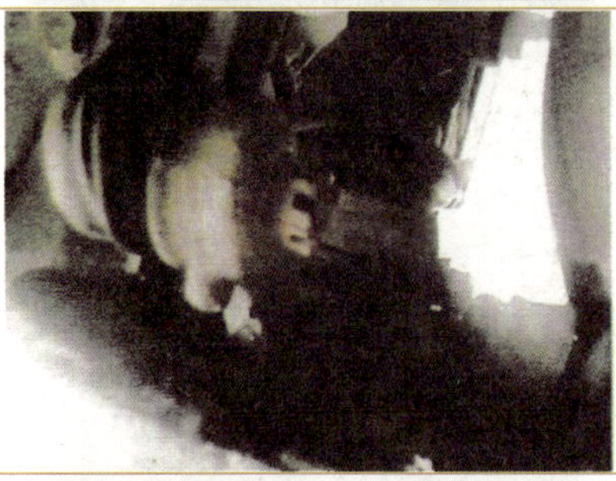	把球头销子拔出来，拧下锁紧螺母，再用锤子向上砸球头，取出半轴	常用工具
步骤5		松开球笼防尘套两侧的卡箍，拆下球笼防尘套，并检查防尘套有无破损老化现象	常用工具、专用工具、钳子

续表

实施步骤	图示	要点解读	使用工具
步骤6		拆下卡簧。若卡簧装在球笼外侧,用外卡簧钳张开卡簧取下外球笼,如左图所示。若卡簧装在球笼内侧,用锤子敲击球笼外座圈,使球笼与半轴脱开	常用工具、螺丝刀
步骤7		分解球笼。用铜锤敲击球笼内座圈,使球笼及内座圈与外座圈垂直,取下内座圈、球笼及钢球	常用工具

2)半轴安装

①安装外球笼。先在内、外球笼的滚道上涂以少量的球笼油,再将外球笼的内座圈有倒角的一侧与球笼有倒角的一侧安装在同一方向,二者垂直装入外座圈,并分别将6个钢球间隔安装在球笼上,将球笼、内座圈及钢球推入外座圈中,注意球笼内座圈有倒角的一侧和球笼有倒角的一侧朝向外座圈的大端,安装后使球笼内充满球笼油。

②安装内球笼。先在内、外球笼的滚道上涂以少量的球笼油,而后使内座圈上的大面对外座圈的小面,再将内座圈与球笼二者垂直装入外座圈中,最后将球笼的内座圈有倒角的一侧与外球笼端面不平的一侧相反装入到外座圈中,安装后使球笼内充满球笼油。

③安装外球笼防尘套。将防尘套装在半轴的指定位置上,用新的小卡箍将防尘套固定在半轴上。

④安装半轴。装内卡簧式半轴时,稍用力将半轴插在外球笼的内座圈中,使卡环卡住半轴环槽,确保固定可靠。装外卡簧式半轴时,按照规定更换新的卡簧,而后用铜锤敲击外座圈使卡簧穿过内座圈。

⑤将球笼防尘套与外座圈用大卡箍固定。

⑥检查外球笼,使其在半轴上能自由转动。

⑦向下砸球头,穿入球头销子,拧紧锁紧螺母。

⑧固定球头。

⑨安装减振螺钉。

⑩安装前轮螺母。

3)分配任务

每10人一组,每组选出一名负责人,负责人对小组任务进行分配。组员按负责人要求完成相关任务内容，并将自己所在小组及个人任务内容填入表3-13中。

表3-13 任务决策表

序号	小组任务	个人任务	负责人
1			
2			
3			
4			
5			
6			
7			
8			
9			
10			

4) 制订计划

根据任务内容制订拆卸计划，简要说明任务实施过程及注意事项，并填入表3-14中。

表3-14 任务计划表

车型：		工作内容：	
序号	工作步骤	工具/辅具	注意事项
1			
2			
3			
4			
5			
6			
7			
8			

3.1.5 检测评价

底盘传动系统拆装考核与成绩评定见表 3-15。

表 3-15 底盘传动系统拆装考核与成绩评定

序号	考核内容	配分	评分标准	得分
1	正确使用工具、仪器	10	操作不当每次扣 5 分	
2	离合器的拆卸	10	操作不当每次扣 1 分	
3	离合器的安装	10	操作不当每次扣 1 分	
4	01M 变速箱的拆卸	15	操作不当每次扣 1 分	
5	01M 变速箱的安装	15	操作不当每次扣 1 分	
6	半轴的拆卸	10	操作不当每次扣 1 分	
7	半轴的安装	10	操作不当每次扣 1 分	
8	实训场地 5S 规范，安全用电，防火，无人身、设备事故	20	因操作不当发生重大事故，此次实训按 0 分计	
分数总计		100		

3.1.6 学习心得

形式：总结
时间：10 min
记录：

任务 3.2 行驶系统的拆装

3.2.1 任务引入

行驶系统由哪几部分组成？每部分都由哪些零件组成？在拆卸的过程中应该注意什么？明确主要任务，说明生产过程和工艺过程，学习基本原理知识，熟悉规范的操作流程，掌握拆装悬架的基本技能。

3.2.2 任务目标

1. 职业目标

（1）学会汽车行驶系统的正确拆装方法。

（2）进一步掌握车架、车桥、悬架和车轮各个部件的名称、结构和工作原理。

（3）行驶系统装配能够达到中级汽车装调工水平。

2. 素质目标

（1）培养学生的环保意识并建立牢固的可持续发展观。

（2）树立终身学习的意识，培养爱岗敬业、精益求精的工匠精神。

（3）强化标准化意识，养成严格按照行业标准进行工作的良好习惯。

3.2.3 相关知识

1. 行驶系统的功用

（1）接受传动系统传来的发动机转矩并产生驱动力。

（2）承受汽车的总重量，传递并承受路面作用于车轮的各个方向的反力及转矩。

（3）缓冲减振，保证汽车行驶的平顺性。

（4）与转向系统协调配合工作，控制汽车的行驶方向。

2. 行驶系统的组成和类型

（1）行驶系统的组成：车架、车桥、悬架、车轮（或履带）。

（2）行驶系统的类型：轮式、半履带式、全履带式、车轮履带式。

3. 桑塔纳3000型轿车行驶系统的技术特性和结构特点

1）前桥及前悬架

桑塔纳3000型轿车采用前轮驱动、独立悬架的结构形式。前桥与前悬架由前悬架总成、副车架和下摇臂等组成，如图3-2所示。前悬架总成上端通过减震器支柱座与车身连接，下端通过左、右下摇臂与固定在车身上的副车架连接，从而起到固定前轮的作用。车轮轴承壳（转向节）通过球头销连接下摇臂，通过下摇臂安装球头销的长孔来调整车轮外倾角。为减小转弯时车辆的倾斜度，在副车架与下摇臂之间装有一根横向稳定杆。

悬架结构

悬架类型

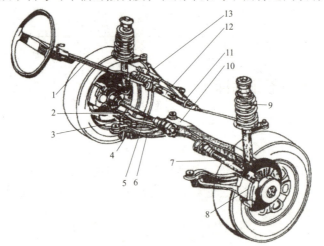

图3-2 前桥与前悬架结构

1—安全转向柱；2—车轮与下摇臂的连接螺栓；3—下摇臂；4—下摇臂橡胶轴承；5—稳定杆；6—副车架；7—传动轴（半轴）；8—前轮制动钳；9—减震器支柱；10—副车架前橡胶支承；11—动力转向装置；12—转向减震器；13—横拉杆（可调整）

2）后桥及后悬架

桑塔纳 3000 型轿车后桥采用纵向横臂扭杆梁式结构，又称复合式悬架机构（独立式＋非独立式）。该悬架在单纵臂式独立悬架的基础上增设了横向 V 形断面横梁，起到稳定器的作用，不但大大提高了扭转刚度，增强了其极限抗冲击能力，确保了良好的操纵稳定性，同时也使车身地板平整，有效扩大了行李箱空间。该悬架采用了德国大众经过多年优化的成熟专利技术，并针对中国路况采用了增设加强筋和表面强化处理等先进技术，后悬架结构布置紧凑，更安全可靠，主要由横梁总成、悬架臂和后悬架总成组成，如图 3-3 所示。

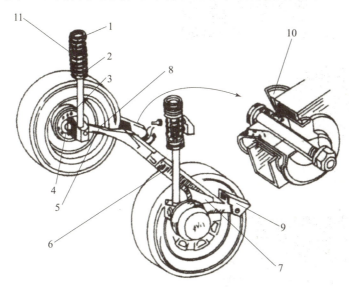

图 3-3 后桥及后悬架

1—支承杆座；2—减震器支柱；3—减震器；4—轮毂短轴；5—悬架臂；6—横梁；
7—内加强筋；8—外加强复板；9—带橡胶金属支撑的支撑座；10—橡胶金属支撑；11—螺旋弹簧

3.2.4 任务实施

1. 实施步骤

1）拆卸步骤

悬架的拆卸步骤见表 3-16。

拆卸独立悬架

表 3-16 悬架的拆卸步骤

实施步骤	图示	要点解读	使用工具
步骤1		松开轮胎紧固螺栓和轴头螺栓	常用工具

续表

实施步骤	图示	要点解读	使用工具
步骤2		升车取下轴头螺栓	常用工具
步骤3		拆下固定制动轮缸的螺栓,将制动轮缸取下并固定在车架上	常用工具
步骤4	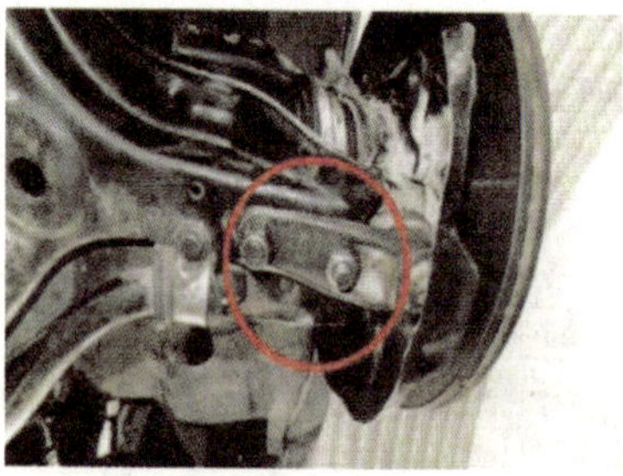	拆下下支臂球头紧固螺栓,将其取下	常用工具
步骤5		拆下转向横拉杆球头,注意不要损伤螺纹,并抽出传动轴	常用工具、专用工具
步骤6		用专用扳手拆下减震器紧固螺栓,注意不要将内六角圆柱头螺栓损伤	常用工具、螺丝刀

续表

实施步骤	图示	要点解读	使用工具
步骤7	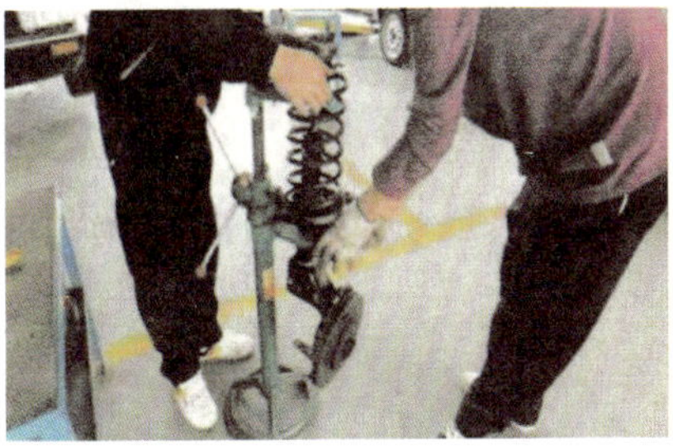	取下减震器总成,并用专用工具夹住	常用工具、减震弹簧拆卸架
步骤8	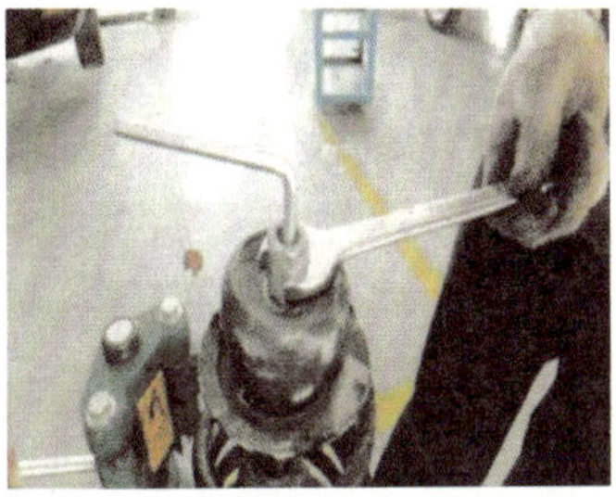	拆下开槽螺栓,取下弹簧,并注意弹簧安装方向和防尘套、缓冲件的安装顺序	常用工具、拆卸悬架专用扳手
步骤9		用轮胎扳手将固定轮胎的4个螺栓松开	常用工具
步骤10		升车使轮胎离开地面,取下轮胎	常用工具
步骤11	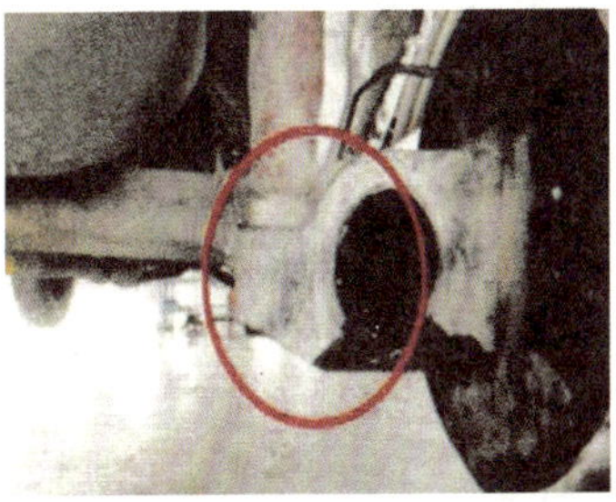	松开减震器下端与后桥的紧固螺栓	常用工具

续表

实施步骤	图示	要点解读	使用工具
步骤 12		打开后座椅处,用专用工具拆下螺栓	常用工具
步骤 13	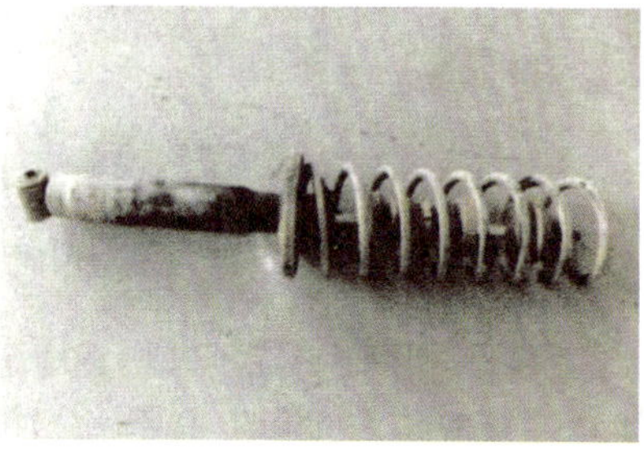	拆下减震器与后桥的连接螺栓,并取下减震器总成,分解,注意各部件先后次序	常用工具、拆卸悬架专用扳手、减震弹簧拆卸架

2)安装悬架

(1)后悬架的安装。

组装减震器总成,注意安装次序。

将减震器与车架用连接螺栓固定。

将减震器与后桥用螺栓固定。

安装轮胎,放下汽车,利用汽车自重将弹簧压下。

(2)前悬架的安装。

组装减震器总成,注意安装次序。

安装减震器紧固螺栓,将减震器固定在车架上。

安装传动轴,并安装转向横拉杆球头。

安装下支臂球头紧固螺栓。

安装制动轮缸螺栓。

安装轮胎及轴头螺栓。

2. 分配任务

每10人一组,每组选出一名负责人,负责人对小组任务进行分配。组员按负责人要求完成相关任务内容,并将自己所在小组及个人任务内容填入表3-17中。

3. 制订计划

根据任务内容制订拆卸计划,简要说明任务实施过程及注意事项,并填入表3-18中。

表 3-17 任务决策表

序号	小组任务	个人任务	负责人
1			
2			
3			
4			
5			
6			
7			
8			
9			
10			

表 3-18 任务计划表

车型：		工作内容：	
序号	工作步骤	工具/辅具	注意事项
1			
2			
3			
4			
5			
6			
7			
8			

3.2.5 检测评价

行驶系统拆装考核与成绩评定见表3-19。

表3-19 行驶系统拆装考核与成绩评定

序号	考核内容	配分	评分标准	得分
1	正确使用工具、仪器	20	操作不当每次扣5分	
2	前悬架的拆卸	15	操作不当每次扣3分	
3	前悬架的安装	15	操作不当每次扣3分	
4	后悬架的拆卸	15	操作不当每次扣3分	
5	后悬架的安装	15	操作不当每次扣3分	
6	实训场地5S规范,安全用电,防火、无人身、设备事故	20	因操作不当发生重大事故,此次实训按0分计	
分数总计		100		

3.2.6 学习心得

形式:总结
时间:10 min
记录:

任务3.3 转向系统的拆装

3.3.1 任务引入

转向系统由哪几部分组成?每部分都由哪些零件组成?在拆卸的过程中应该注意什么?明确主要任务,说明生产过程和工艺过程,学习基本原理知识,熟悉规范的操作流程,掌握拆装转向器的基本技能。

3.3.2 任务目标

1. 职业目标

（1）学会汽车转向系统的正确拆装方法。

（2）进一步掌握转向系统的结构和工作原理。

（3）转向系统装配能够达到中级汽车装调工水平。

2. 素质目标

（1）树立正确的价值观，构建职业梦想并明确个人的职业发展方向。

（2）培养学生的创新意识，学会在工作中发现问题并积极思考解决方案，从而取得新成绩、新突破。

（3）强化 5S 管理标准的实施力度，提高学生对工作现场的管理意识。

3.3.3 相关知识

1. 转向系统的概述

汽车转向系统的功用是保证汽车能按驾驶员的意愿进行直线或转向行驶。转向系统由以下部件构成。

（1）方向盘：进行转向操纵。

（2）转向管柱：连接方向盘和转向机。

（3）转向机：变换来自方向盘的转向扭矩和旋转方向，把它们通过转向传动机构传送到车轮并使车辆转向。

（4）转向传动机构：转向传动机构是一种杆和臂的组合件，通过这些杆和臂把转向机的运动传送给左、右前车轮。

轿车转向传动机构工作原理

2. 电动倾斜和电动伸缩式转向柱

（1）电动倾斜操作：通过操作向上或向下开关来操纵倾斜马达，从而使倾斜蜗轮蜗杆传动装置和倾斜蜗杆轴开始转动并且使滑动套滑动，与连杆件连接的转向管柱向上或向下倾斜。

（2）电动伸缩机构工作原理：通过操作向左或向右开关来操纵伸缩机构马达。伸缩蜗轮蜗杆传动装置开始转动，并且滑动管向前或向后滑动。

电动助力转向系统原理

3. 动力转向系统

动力转向系统是兼用驾驶员体力和发动机（或电动机）的动力作为转向能源的转向系统。动力转向系统是在机械转向系统的基础上加设一套转向助力装置而形成的，动力转向系统结构如图 3-4 所示。

4. 齿轮齿条式转向器

齿轮齿条式转向器是以齿轮和齿条作为传动机构，适合与麦弗逊式独立悬架配合使用，常用于轿车、微型货车和轻型货车。目前，轿车普遍采用的都是齿轮齿条式转向器，其基本组成如图 3-5 所示。

齿轮齿条式转向器工作原理

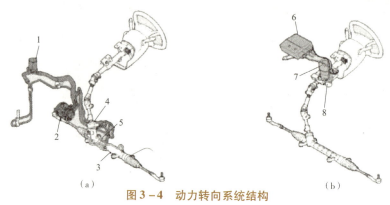

图 3-4 动力转向系统结构

(a) 液压式动力转向系统；(b) 电动式动力转向系统

1—储油罐；2—叶轮泵；3—动力缸；4—控制阀；5—转向机壳体；6—EPS ECU；7—直流电动机；8—力矩传感器

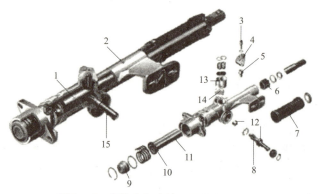

图 3-5 齿轮齿条式转向器的基本组成

1—转向齿条；2，11—转向器壳；3—调整螺钉；4—盖板；5—调整螺钉座；6—衬套；7—防尘护罩；
8，15—转向齿轮；9—挡盖；10—挡块；12—轴承；13—压块；14—压块衬片

5. 循环球式转向器

循环球式转向器中一般有两级传动副，第一级是螺杆螺母传动副，第二级是齿条齿扇传动副。其常用于各种轻型和中型货车，也用于部分轻型越野汽车。转向螺杆转动时，通过钢球将力传给转向螺母，使螺母沿轴向移动。同时，在螺杆、螺母和钢球间的摩擦力矩作用下，所有钢球均在螺旋管状通道内滚动，形成"球流"。循环球式转向器结构如图 3-6 所示。

循环球式转向器
工作原理

3.3.4 任务实施

1. 齿轮齿条式转向器的拆装实施步骤

1) 拆装前的准备工作

若车辆装有安全气囊，需断开蓄电池负极至少 1 min 以上，让备用电源的能量消耗掉。在拆卸气囊之前，必须了解安全气囊的功能，否则可能引起气囊意外张开，导致安全气囊不必要的修理或人身伤害。当维修装有安全气囊的汽车或处理安全气囊时，应戴护目眼镜。如果有巡航系统，则应拔下巡航控制开关。不要用锤子敲击转向轴来拆卸转向盘，这样会使转向轴损坏，导致转向盘无法取出。拆装齿轮齿条式转向器总成时，应当在拆装工作台上进行。

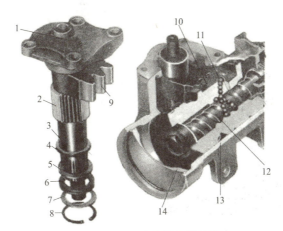

图 3-6 循环球式转向器结构

1—侧盖；2—轴承；3—摇臂轴；4—单唇油封；5，7—支承挡圈；6—双唇油封；8—弹簧卡环；
9—齿扇；10—转向螺母；11—钢球；12—转向螺杆；13—转向器壳；14—壳体端盖

2）拆卸转向器

转向器的拆卸步骤见表 3-20。

表 3-20 转向器的拆卸步骤

实施步骤	图示	要点解读	使用工具
步骤1		松开车轮锁紧螺母、转向横拉杆球头销螺母	常用工具
步骤2		断开球头销的连接处	常用工具
步骤3		撬开转向盘的喇叭开关	常用工具、螺丝刀

续表

实施步骤	图示	要点解读	使用工具
步骤4	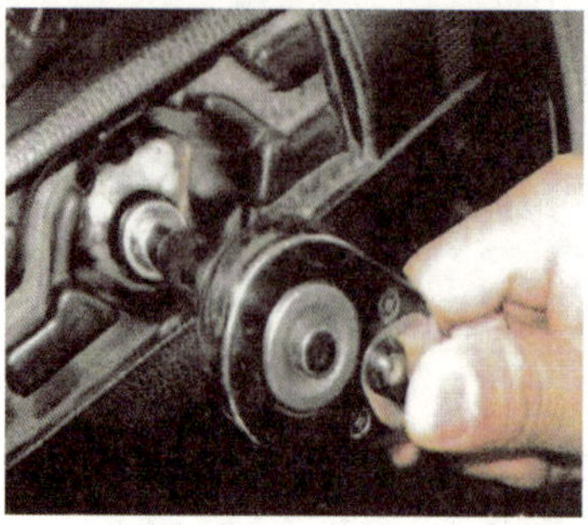	松开并拆下转向盘紧固螺母，拔掉点火开关及转向盘等线束插头	常用工具
步骤5	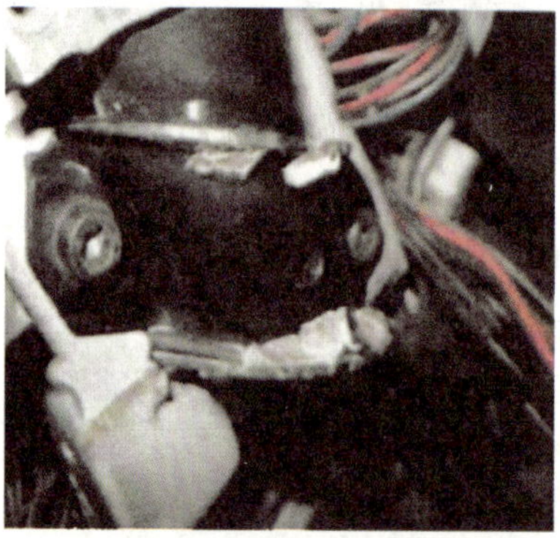	松开并拆下转向柱紧固螺杆	常用工具
步骤6		脱开转向柱与转向器连接处	常用工具
步骤7		松开转向器与车架紧固螺母	常用工具

续表

实施步骤	图示	要点解读	使用工具
步骤8		取下转向器总成	常用工具
步骤9	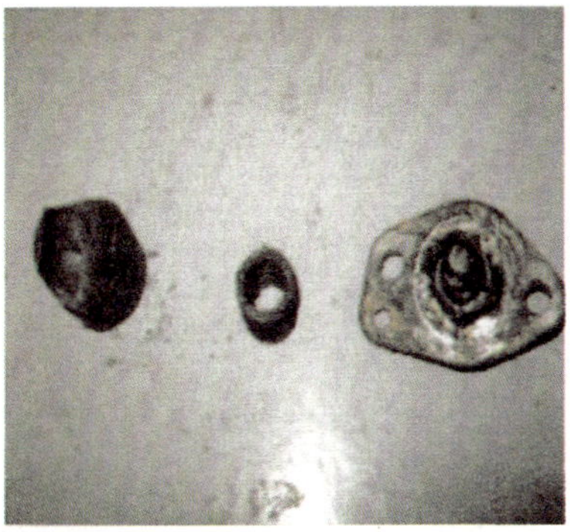	分解转向器间隙自调机构	常用工具
步骤10		检查转向器间隙自调机构	常用工具

3）转向系统的安装

①组装转向器总成。

②将转向器与车架固定。

③将转向柱与转向器相连，安装转向柱紧固螺栓。

④安装点火开关及转向盘等线束插头，安装转向盘紧固螺母。

⑤安装转向盘的喇叭开关。

⑥安装球头销的连接处。

⑦安装转向横拉杆球头销螺母和车轮锁紧螺母。

2. 分配任务

每10人一组，每组选出一名负责人，负责人对小组任务进行分配。组员按负责人要求完成相关任务内容，并将自己所在小组及个人任务内容填入表3-21中。

表 3-21 任务决策表

序号	小组任务	个人任务	负责人
1			
2			
3			
4			
5			
6			
7			
8			
9			
10			

3. 制订计划

根据任务内容制订拆卸计划，简要说明任务实施过程及注意事项，并填入表 3-22 中。

表 3-22 任务计划表

车型：		工作内容：	
序号	工作步骤	工具/辅具	注意事项
1			
2			
3			
4			
5			
6			
7			
8			

3.3.5 检测评价

转向系统拆装考核与成绩评定见表 3-23。

表 3-23 转向系统拆装考核与成绩评定

序号	考核内容	配分	评分标准	得分
1	正确使用工具、仪器	20	操作不当每次扣 5 分	
2	转向机的拆卸	30	操作不当每次扣 5 分	
3	转向机的安装	30	操作不当每次扣 5 分	
4	实训场地 5S 规范，安全用电，防火，无人身、设备事故	20	因操作不当发生重大事故，此次实训按 0 分计	
分数总计		100		

3.3.6 学习心得

形式：总结
时间：10 min
记录：

任务 3.4 制动系统的拆装

3.4.1 任务引入

制动系统由哪几部分组成？每部分都由哪些零件组成？在拆卸的过程中应该注意什么？明确主要任务，说明生产过程和工艺过程，学习基本原理知识，熟悉规范的操作流程，掌握前、后制动器拆装的基本技能。

3.4.2 任务目标

1. 职业目标

（1）学会汽车制动系统的正确拆装方法。

(2) 进一步掌握制动系统的结构和工作原理。

(3) 制动系统装配能够达到中级汽车装调工水平。

2. 素质目标

(1) 树立正确的安全意识及环保意识,强化学生的社会责任感。

(2) 熟练掌握相关工作手册的使用方法,养成严格按照工作手册进行拆装操作的良好工作习惯。

(3) 强化标准化意识,养成严格按照行业标准进行工作的良好习惯。

3.4.3 相关知识

1. 汽车制动系统的概述

驾驶员能根据道路和交通情况,利用装在汽车上的一系列专门装置,迫使路面在汽车车轮上施加一定的与汽车行驶方向相反的外力,对汽车进行一定程度的强制制动。这种可控制的对汽车进行制动的外力称为制动力,用于产生制动力的一系列专门装置称为制动系统。因此,制动系统的功用是减速停车、驻车制动。

2. 汽车制动系统的类型

汽车制动系统有两种类型。脚踏制动系统是在车辆行驶中使用的主要制动系统,它有鼓式制动和盘式制动两种,通常是用液压力或气压力来操纵;驻车制动系统是在停车时使用的,它是通过钢丝绳之类的东西操纵后轮制动,使车辆不会移动。

3. 制动系统的工作原理

在人力作用下,制动蹄对制动鼓作用一定的制动摩擦力矩,即制动器制动力矩 M_μ,在 M_μ 的作用下,车轮将对地面作用一个向前的力 F_μ,地面对车轮作用一个向后的反作用力 F_B,F_B 即为地面对车轮的制动力,如图 3-7 所示。

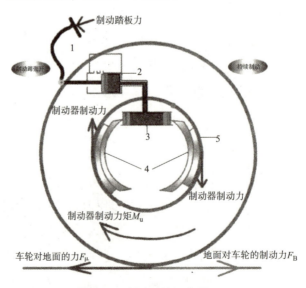

图 3-7 制动系统工作原理
1—制动踏板;2—制动主缸;3—制动轮缸;4—制动蹄;5—制动鼓

4. 制动系统的基本组成

（1）供能装置包括供给、调节制动所需能量以及改善传能介质状态的各种部件。其中产生制动能量的部分称为制动能源。人的肌体也可作为制动能源。

（2）控制装置包括产生制动动作和控制制动效果的各种部件，如制动踏板、制动阀等。

（3）传动装置包括将制动能量传输到制动器的各个部件，如制动主缸和制动轮缸等。

（4）制动器，即产生制动摩擦力矩的部件。

较为完善的制动系统还包括制动力调节装置、报警装置、压力保护装置等附加装置。制动系统的组成如图 3–8 所示。

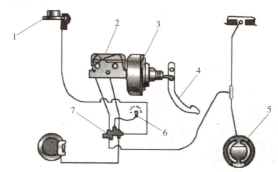

图 3–8　汽车制动系统的组成
1—前轮盘式制动器；2—制动主缸；3—真空助力器；4—制动踏板机构；
5—后轮鼓式制动器；6—制动警示灯；7—制动组合阀

5. 制动助力器

制动助力器利用发动机进气歧管（如果是柴油发动机，则是真空泵）里产生的真空与大气压之间的压差，产生与制动踏板力成正比的强大助力（动力助力）来操纵制动器，其结构如图 3–9 所示。

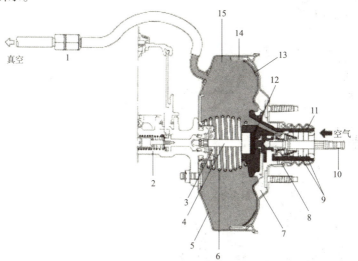

图 3–9　制动助力器的结构
1—单向阀；2—制动总泵；3—密封；4—推杆；5—助力器壳体；6—膜片弹簧；7—变压室；8—阀体密封；
9—空气滤清器；10—阀操纵杆；11—阀体；12—反作用盘；13—助力器活塞；14—膜片；15—恒压室

3.4.4 任务实施

1. 实施步骤

1）拆装前的准备工作

注意拆装顺序及各部件的相互关系。安装车轮前,应先补足制动液,可靠地举升起汽车,拉紧驻车制动杆,并将变速器置于空挡,对制动系统进行放气。保持场地清洁及零部件、工量具的清洁。

鼓式制动器的拆检

2）拆卸制动器

制动器的拆卸步骤见表3-24。

表3-24 制动器的拆卸步骤

实施步骤	图示	要点解读	使用工具
步骤1		升车并取下车轮	常用工具
步骤2		拆下制动轮缸定位螺栓,拆下制动轮缸	常用工具
步骤3		拆下制动钳	常用工具

续表

实施步骤	图示	要点解读	使用工具
步骤4		拧下制动鼓前盖紧固螺栓	常用工具
步骤5		取下轮毂盖，拆下开口销，拿下开槽垫圈，取下轴头螺栓，并取出止动垫圈和轴承	常用工具、螺丝刀
步骤6	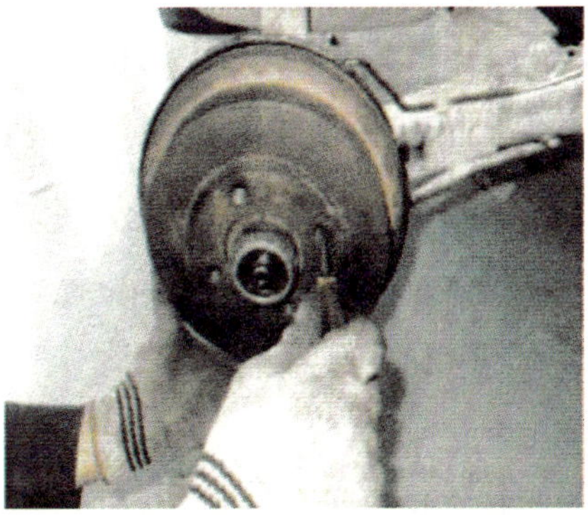	用螺钉旋具柄通过制动鼓螺孔向上拨动楔形块，使制动蹄与制动鼓放松	常用工具、螺丝刀
步骤7		取下制动鼓并检查	常用工具、螺丝刀

续表

实施步骤	图示	要点解读	使用工具
步骤8		用鲤鱼钳拆下压簧座圈,用手从下面的支架上提起制动蹄,取下回位弹簧	常用工具、鲤鱼钳
步骤9	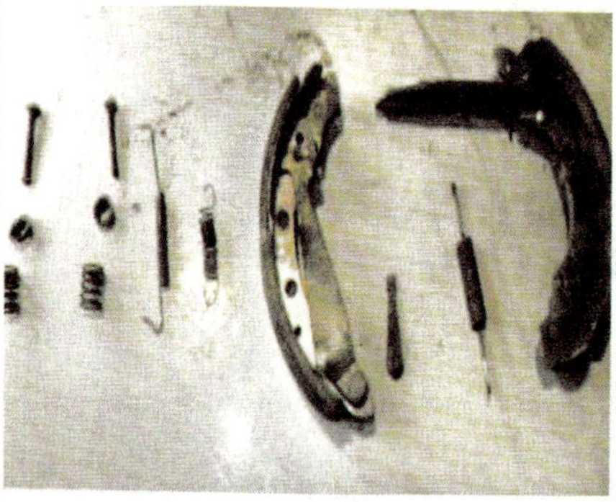	取下制动蹄及驻车制动杆等	常用工具、螺丝刀、尖嘴钳

3)安装制动器

①安装制动盘与轮毂的连接螺钉,安装制动钳固定支架。

②安装制动蹄。

③安装制动轮缸及其定位螺栓。

④安装制动蹄上、下减振弹簧。

2. 分配任务

每10人一组,每组选出一名负责人,负责人对小组任务进行分配。组员按负责人要求完成相关任务内容,并将自己所在小组及个人任务内容填入表3-25中。

表3-25 任务决策表

序号	小组任务	个人任务	负责人
1			
2			
3			
4			

续表

序号	小组任务	个人任务	负责人
5			
6			
7			
8			
9			
10			

3. 制订计划

根据任务内容制订拆卸计划，简要说明任务实施过程及注意事项，并填入表 3-26 中。

表 3-26　任务计划表

车型：		工作内容：	
序号	工作步骤	工具/辅具	注意事项
1			
2			
3			
4			
5			
6			
7			
8			

3.4.5 检测评价

制动系统拆装考核与成绩评定见表 3-27。

表 3-27 制动系统拆装考核与成绩评定

序号	考核内容	配分	评分标准	得分
1	正确使用工具、仪器	20	操作不当每次扣 5 分	
2	前制动器的拆卸	15	操作不当每次扣 3 分	
3	前制动器的安装	15	操作不当每次扣 3 分	
4	后制动器的拆卸	15	操作不当每次扣 3 分	
5	后制动器的安装	15	操作不当每次扣 3 分	
6	实训场地 5S 规范，安全用电，防火、无人身、设备事故	20	因操作不当发生重大事故，此次实训按 0 分计	
分数总计		100		

3.4.6 学习心得

形式：总结
时间：10 min
记录：

项目四
汽车车身附件的拆装

🔧 任务 4.1 汽车保险杠的拆装

4.1.1 任务引入

在拆卸保险杠的过程中应该注意什么？明确主要任务，说明生产过程和工艺过程，学习基本原理知识，熟悉规范的操作流程，掌握保险杠拆装的基本技能。

4.1.2 任务目标

1. 职业目标

（1）学会汽车保险杠的正确拆装顺序。
（2）掌握其拆装的技术要求，能够进行常规的维修和更换工作。
（3）车身附属系统装配能够达到中级汽车装调工水平。

2. 素质目标

（1）培养学生爱岗敬业的工匠精神，培养爱国主义精神。
（2）熟悉和掌握安全操作常识及职业守则，培养文明生产的良好习惯。
（3）深入培养学生按照 5S 管理标准对工作场地进行快速整理的能力。

4.1.3 任务实施

1. 保险杠的拆装

1）实施步骤

保险杠的拆卸步骤见表 4-1。

表4-1 保险杠的拆卸步骤

实施步骤	图示	要点解读	使用工具
步骤1	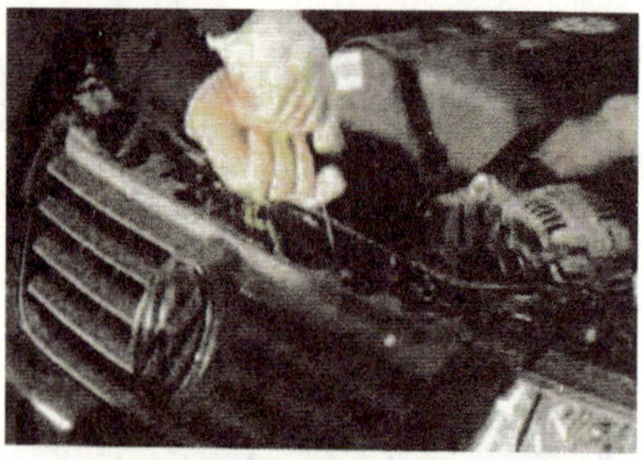	打开发动机舱盖，用T形扳手拆下前格栅上的4个螺栓	常用工具、螺丝刀
步骤2	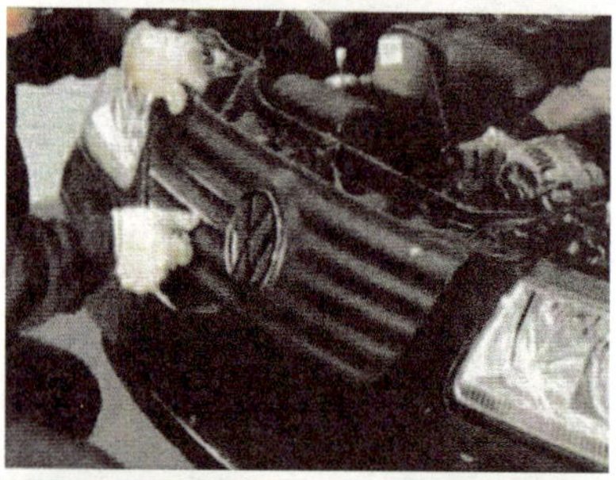	轻轻取下前格栅，注意不要损坏前格栅下面的3个塑料夹子	常用工具、螺丝刀
步骤3	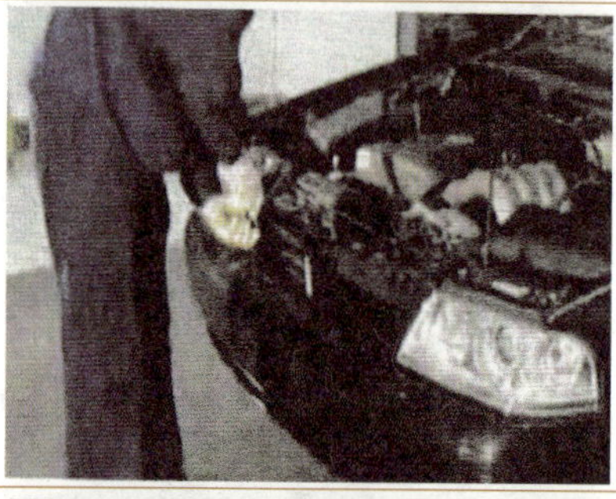	用T形扳手拆下保险杠上部的3个螺栓	常用工具、螺丝刀
步骤4	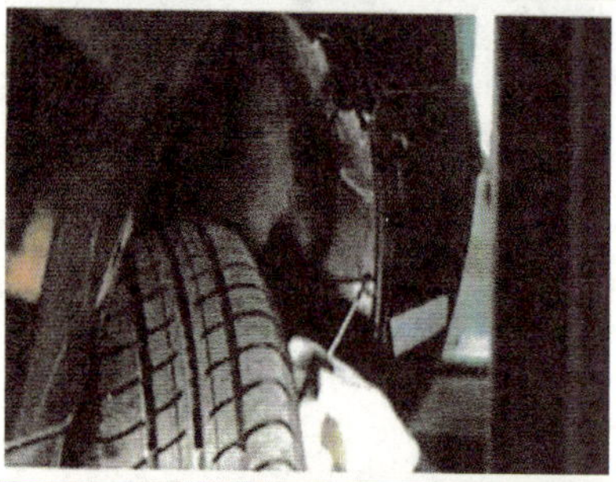	用T形扳手拆下前保险杠左、右两侧各4个螺栓	常用工具、螺丝刀
步骤5	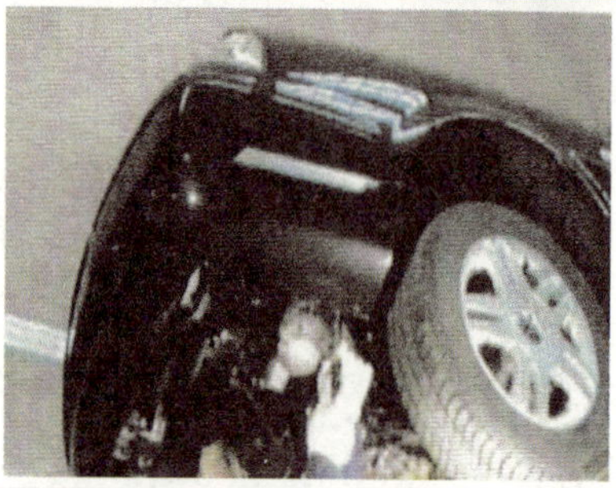	利用举升机举起车辆到合适的高度，拆卸前保险杠下部的5个螺栓，注意挂好举升机保险装置	常用工具、螺丝刀

续表

实施步骤	图示	要点解读	使用工具
步骤6	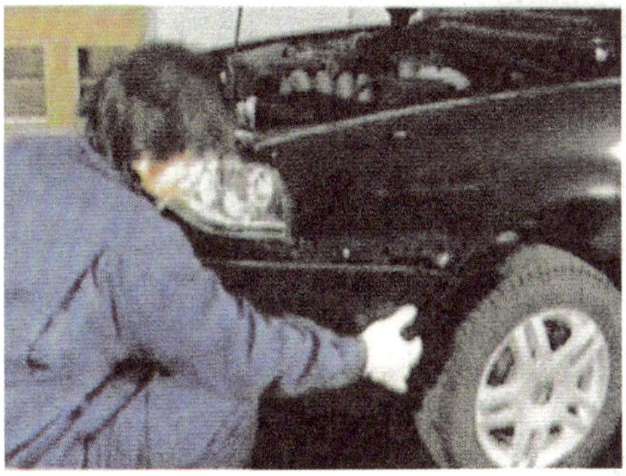	落下举升机,轻轻取下前保险杠,注意不要用力过猛,防止拉断雾灯连接端口	常用工具、螺丝刀
步骤7	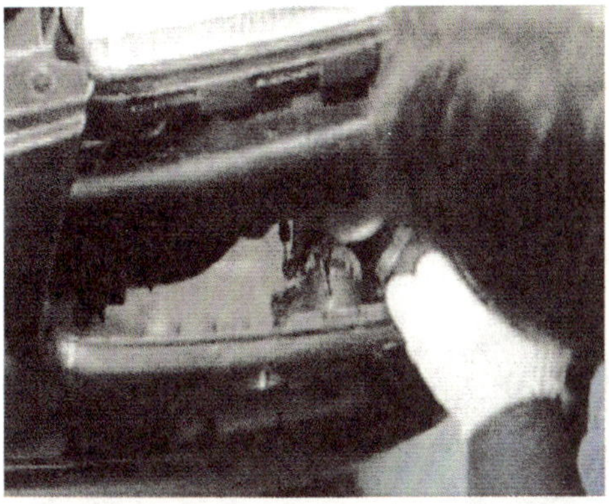	轻轻拔出雾灯连接线端口,完全取下前保险杠并将其稳定地放置于零部件存放台上	常用工具、螺丝刀
步骤8	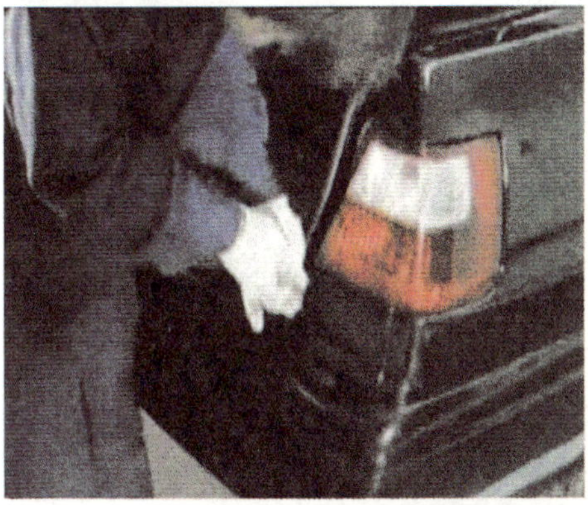	打开行李箱盖,拆卸两侧螺栓饰盖,用T形扳手拆下对应螺栓	常用工具、螺丝刀
步骤9	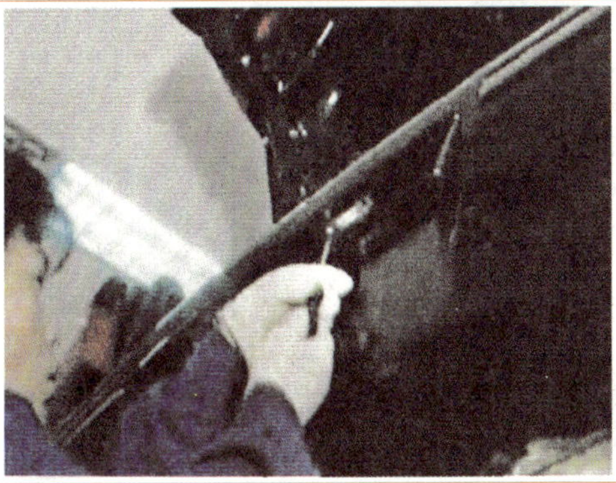	拆下牌照灯下部的4个螺栓	常用工具、螺丝刀

续表

实施步骤	图示	要点解读	使用工具
步骤10	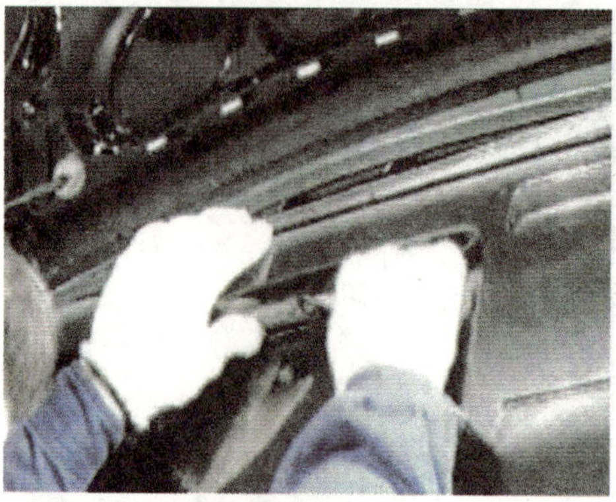	轻轻取出牌照灯罩和牌照灯底座,注意牌照灯连接线端口的连接	常用工具、螺丝刀
步骤11		用T形扳手拆卸后保险杠左、右两侧各4个螺栓	常用工具、螺丝刀
步骤12		利用举升机举起车辆到合适的高度,拆卸后保险杠下部的4个螺栓,注意挂好举升机保险装置	常用工具、螺丝刀
步骤13	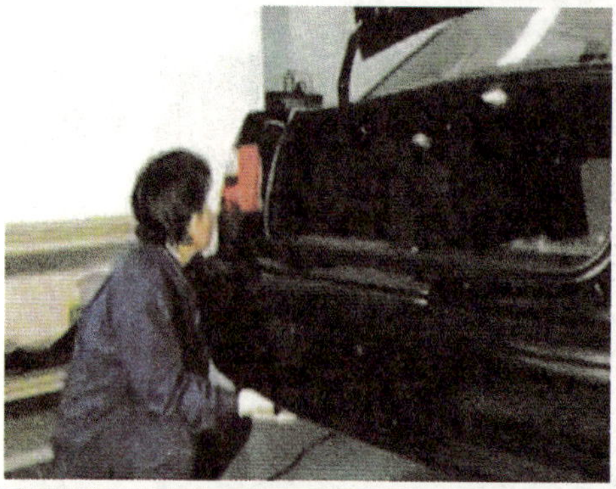	落下举升机,轻轻取下后保险杠,并将其稳定地放置于零部件存放台上	常用工具、螺丝刀

2）保险杠的安装

（1）利用举升机举升车辆到合适的高度，安装后保险杠下部的 4 个螺栓，注意挂好举升机保险装置。

（2）用 T 形扳手安装后保险杠左右两侧各 4 个螺栓。

（3）打开行李箱盖，用 T 形扳手安装对应螺栓，安装两侧螺栓饰盖。

（4）安装雾灯连接线端口。

（5）安装前保险杠下部的 5 个螺栓。

（6）用 T 形扳手安装前保险杠左、右两侧各 4 个螺栓。

（7）用 T 形扳手安装保险杠上部的 3 个螺栓。

（8）轻轻按上前格栅，注意不要损坏前格栅下面的 3 个塑料夹子。

（9）用 T 形扳手安装前格栅上的 4 个螺栓，关上发动机舱盖。

2. 分配任务

每 10 人一组，每组选出一名负责人，负责人对小组任务进行分配。组员按负责人要求完成相关任务内容，并将自己所在小组及个人任务内容填入表 4-2 中。

表 4-2 任务决策表

序号	小组任务	个人任务	负责人
1			
2			
3			
4			
5			
6			
7			
8			
9			
10			

3. 制订计划

根据任务内容制订拆卸计划，简要说明任务实施过程及注意事项，并填入表4-3中。

表4-3 任务计划表

车型：		工作内容：	
序号	工作步骤	工具/辅具	注意事项
1			
2			
3			
4			
5			
6			
7			
8			

4.1.4 检测评价

汽车保险杠拆装考核与成绩评定见表4-4。

表4-4 汽车保险杠拆装考核与成绩评定

序号	考核内容	配分	评分标准	得分
1	正确使用工具、仪器	10	操作不当每次扣2分	
2	栅格的拆卸	10	操作不当每次扣5分	
3	前保险杠螺栓的拆卸	10	操作不当每次扣5分	
4	雾灯的拆卸	10	操作不当每次扣5分	

续表

序号	考核内容	配分	评分标准	得分
5	前保险杠的安装	10	操作不当每次扣 5 分	
6	牌照灯的拆卸	10	操作不当每次扣 5 分	
7	后保险杠螺栓的拆卸	10	操作不当每次扣 5 分	
8	后保险杠的安装	10	操作不当每次扣 5 分	
9	实训场地 5S 规范，安全用电，防火，无人身、设备事故	20	因操作不当发生重大事故，此次实训按 0 分计	
分数总计		100		

4.1.5　学习心得

形式：总结

时间：10 min

记录：

任务 4.2　汽车内饰件的拆装

4.2.1　任务引入

在拆卸汽车内饰件的过程中应该注意什么？明确主要任务，说明生产过程和工艺过程，学习基本原理知识，熟悉规范的操作流程，掌握汽车内饰件拆装的基本技能。

4.2.2　任务目标

1. 职业目标

（1）学会汽车内饰件的正确拆装顺序。
（2）掌握其拆装的技术要求，能够进行常规的维修和更换工作。
（3）车身附属系统装配能够达到中级汽车装调工水平。

2. 素质目标

（1）、引导学生建立更加深刻的家国情怀，加强学生为建设祖国更美好的未来而努力奉献的决心。
（2）、培养学生的责任意识并建立学生深入思考个人的职业梦想与规划的意识。
（3）强化学生的工程意识、环保意识及终身学习意识，建立良好的学习及工作品质。

4.2.3　任务实施

1. 实施步骤

1）拆卸内饰件

内饰件的拆卸步骤见表 4-5。

表 4-5　内饰件的拆卸步骤

实施步骤	图示	要点解读	使用工具
步骤1		拆下驾驶员前侧杂物盒	常用工具、螺丝刀
步骤2		拆下右前侧杂物盒	常用工具、螺丝刀

续表

实施步骤	图示	要点解读	使用工具
步骤3	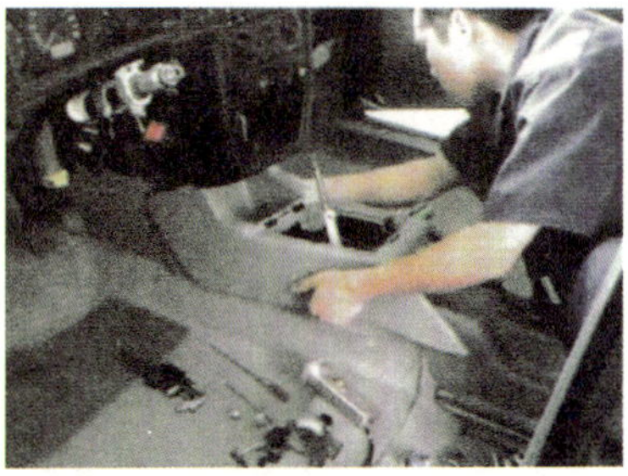	拆下副仪表架两侧挡板、前端盖和后端盖	常用工具
步骤4	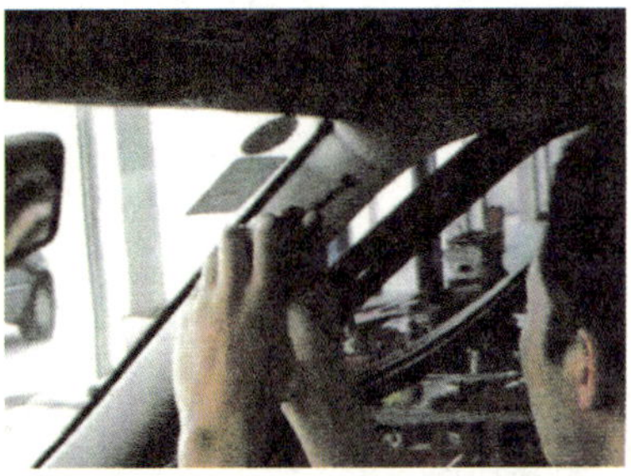	拆下右侧A柱饰板	常用工具、螺丝刀
步骤5	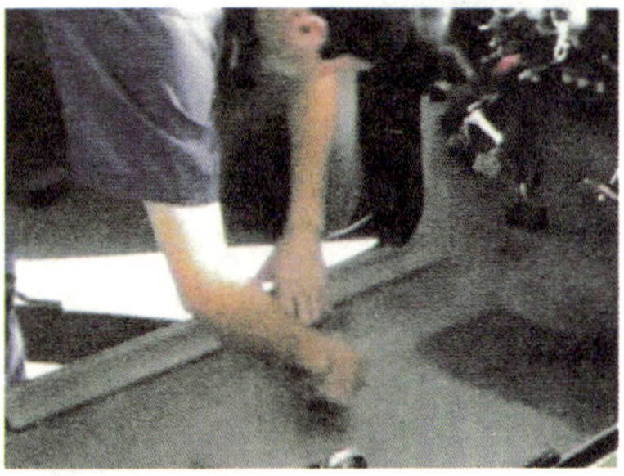	拆下右侧车门门槛嵌条,采用同样方法拆下左侧A柱饰板和车门门槛嵌条	常用工具、螺丝刀
步骤6		拉下左前车门门框嵌条,采用同样方法拉下其他车门门框嵌条	常用工具、螺丝刀
步骤7		拆下右前侧安全带上、下螺钉,拆下安全带锁紧器,并拆下B柱上、下饰板	常用工具、螺丝刀

续表

实施步骤	图示	要点解读	使用工具
步骤8		拆下地毯锁紧扣，并取出地毯和消声垫	常用工具、螺丝刀
步骤9	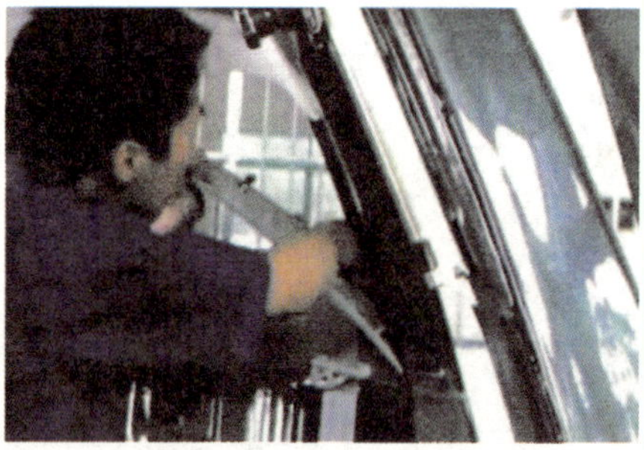	拆下后排座椅安全带螺钉，并拆下左、右两侧C柱饰板	常用工具、螺丝刀
步骤10	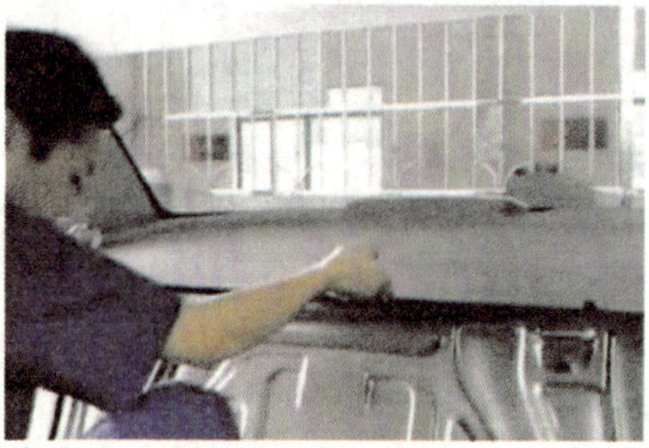	轻轻取出后支架饰板，并注意拔下高位制动灯连接线束端口	常用工具、螺丝刀
步骤11		拆卸左、右两侧遮阳板	常用工具、螺丝刀

续表

实施步骤	图示	要点解读	使用工具
步骤 12	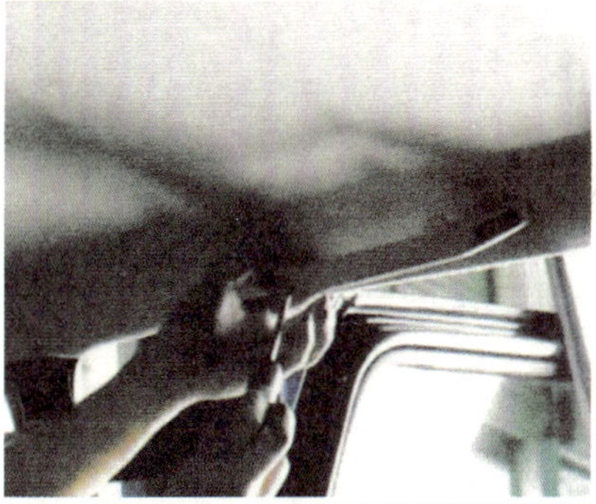	拆卸左、右两侧顶部扶手	常用工具、螺丝刀
步骤 13		拆下头顶板,注意不可用力拉,小心拔出车顶灯连接线束端	常用工具、螺丝刀

(2) 安装内饰件。内饰件的安装步骤见表 4-6。

表 4-6 内饰件的安装步骤

实施步骤	图示	要点解读	使用工具
步骤 1		对位铺上消声垫和地毯,并扣紧各锁扣	螺丝刀
步骤 2		安装副仪表架左、右挡板和前、后端盖,并拧紧螺栓	螺丝刀

续表

实施步骤	图示	要点解读	使用工具
步骤3	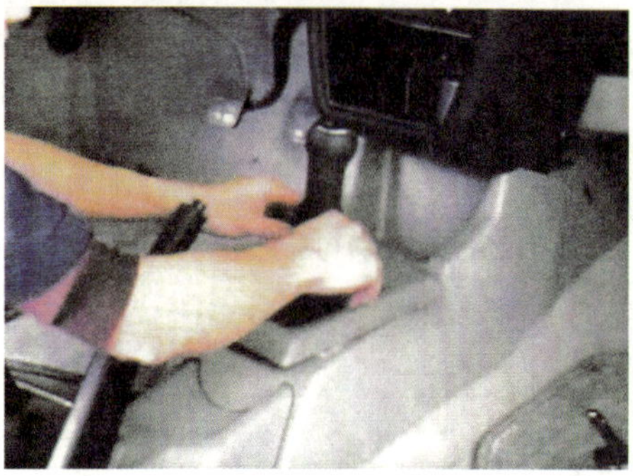	装上变速杆操纵球头并拧紧夹箍,然后盖紧上盖板	常用工具、螺丝刀
步骤4	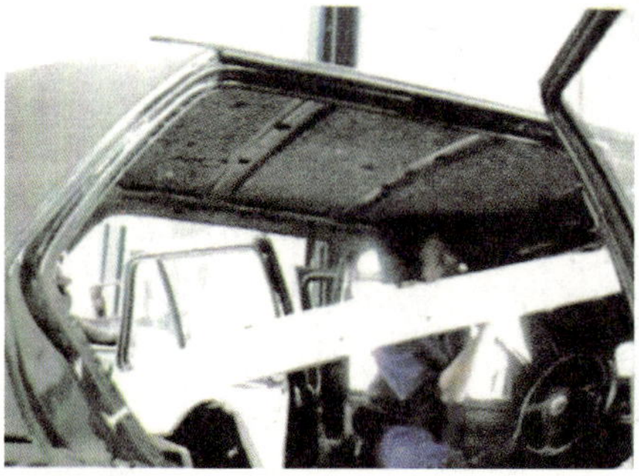	装上头顶板,并连接车顶灯线束端口	常用工具、螺丝刀
步骤5	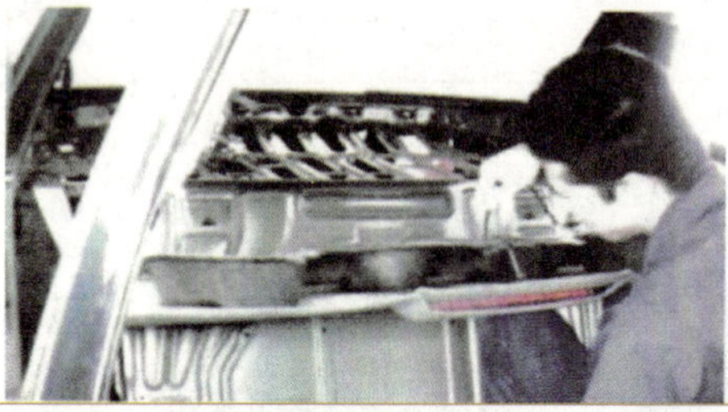	安装后支架饰板前,先连接高位制动灯线束端口,并检查线束连接是否正确	常用工具、螺丝刀
步骤6	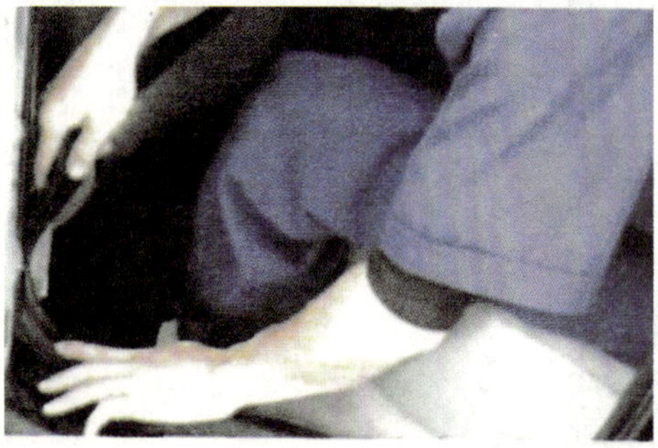	安装后车门门框嵌条和门槛嵌条,并压紧门槛嵌条	常用工具、螺丝刀

2. 分配任务

每10人一组,每组选出一名负责人,负责人对小组任务进行分配。组员按负责人要求完成相关任务内容,并将自己所在小组及个人任务内容填入表4-7中。

表4-7 任务决策表

序号	小组任务	个人任务	负责人
1			
2			
3			
4			
5			
6			
7			
8			
9			
10			

3. 制订计划

根据任务内容制订拆卸计划，简要说明任务实施过程及注意事项，并填入表4-8中。

表4-8 任务计划表

车型：		工作内容：	
序号	工作步骤	工具/辅具	注意事项
1			
2			
3			
4			
5			
6			
7			
8			

4.2.4 检测评价

汽车内饰件的拆装考核与成绩评定见表4-9。

表4-9 汽车内饰件的拆装考核与成绩评定

序号	考核内容	配分	评分标准	得分
1	正确使用工具、仪器	10	操作不当每次扣2分	
2	杂物盒的拆卸和安装	5	操作不当每次扣5分	
3	副仪表架挡板及前、后端盖的拆卸和安装	10	操作不当每次扣5分	
4	A柱饰板、B柱饰板、C柱饰板、后支架饰板及头顶板的拆卸和安装	10	操作不当每次扣5分	
5	门框嵌条及门槛嵌条的拆卸和安装	10	操作不当每次扣5分	
6	前、后安全带的拆卸和安装	10	操作不当每次扣5分	
7	地毯及消声垫的拆卸和安装	10	操作不当每次扣5分	
8	车顶灯、遮阳板及上部扶手的拆卸和安装	15	操作不当每次扣5分	
9	实训场地5S规范,安全用电、防火,无人身、设备事故	20	因操作不当发生重大事故,此次实训按0分计	
分数总计		100		

4.2.5 学习心得

形式:总结

时间:10 min

记录:

项目五
汽车电气系统的拆装

任务 5.1 转向变光开关的拆装

5.1.1 任务引入

在拆卸转向变光开关的过程中应该注意什么?明确主要任务,说明生产过程和工艺过程,学习基本原理知识,熟悉规范的操作流程,掌握转向变光开关拆装的基本技能。

5.1.2 任务目标

1. 职业目标

(1) 学会转向变光开关的正确拆装顺序。
(2) 掌握其拆装的技术要求,能够进行常规的维修和更换工作。
(3) 车身电控系统装配能够达到中级汽车装调工水平。

2. 素质目标

(1) 培养学生爱岗敬业、脚踏实地、勤奋好学等良好品质。
(2) 培养学生良好的表达能力、沟通能力、团队合作能力并建立较强的社会责任感。
(3) 培养学生严格按照5S管理制度、行业及职业标准进行工作任务的良好习惯,强化标准意识及工程意识。

5.1.3 相关知识

转向信号灯的构成如图5-1所示。

转向灯组成

转向灯作用

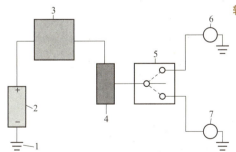

图 5-1 转向信号灯的构成
1—地线;2—电池;3—点火开关;4—转向信号灯闪烁器;
5—转向信号灯开关;6—右转向信号灯;7—左转向信号灯

5.1.4 任务实施

1. 实施步骤

（1）拆卸转向变光开关。转向变光开光的拆卸步骤见表 5-1。

表 5-1 转向变光开光的拆卸步骤

实施步骤	图示	要点解读	使用工具
步骤 1	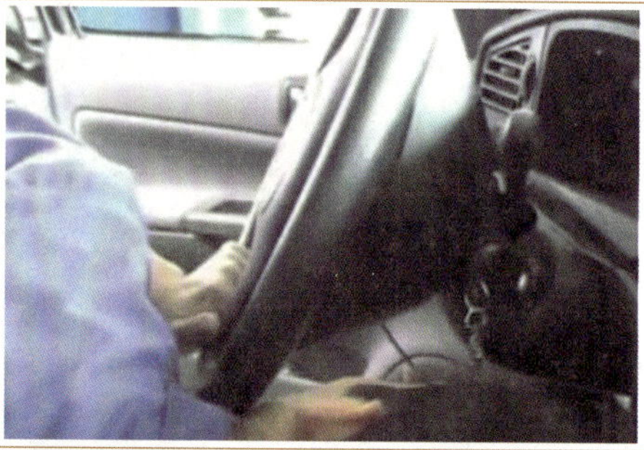	从转向盘后方拧下驾驶员安全气囊模块总成紧固螺钉	常用工具、螺丝刀
步骤 2		取出安全气囊总成并断开连接线	常用工具
步骤 3	 (a)  (b)	拧下转向盘中央紧固螺母与周围3颗螺钉，将车轮摆正后再取出方向盘	常用工具、螺丝刀、L形扳手

续表

实施步骤	图示	要点解读	使用工具
步骤4	 （a） 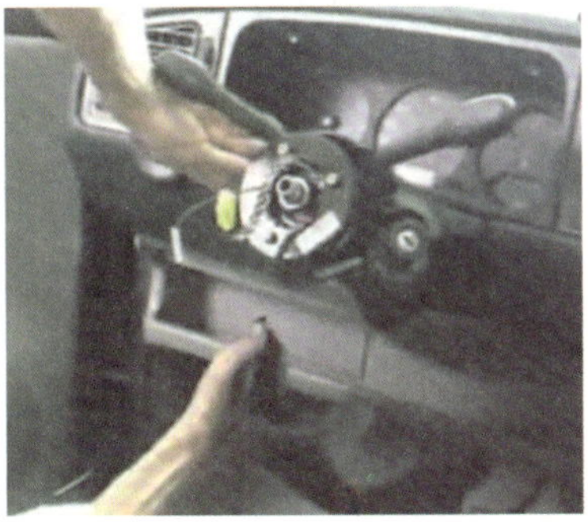 （b）	拧下转向柱下端护罩螺钉并取下护罩，然后取下上护罩，再取出转向柱上的游丝	常用工具、螺丝刀
步骤5		断开转向柱上组合开关线束	常用工具、螺丝刀
步骤6		拧松3颗紧固螺钉	常用工具、螺丝刀

续表

实施步骤	图示	要点解读	使用工具
步骤7	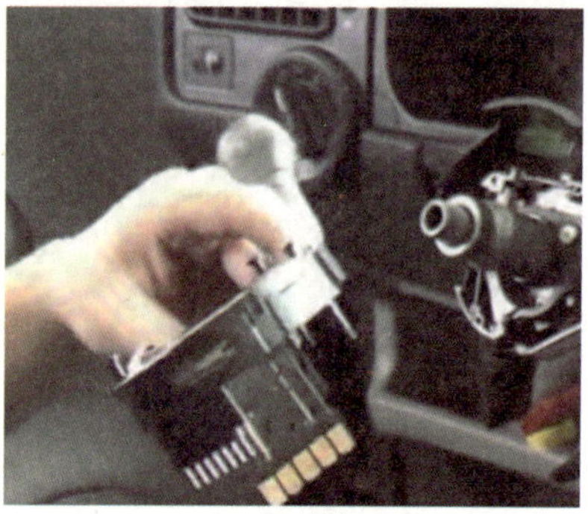 （a）  （b）	取出组合开关	常用工具、螺丝刀

（2）安装转向变光开关。转向变光开关的安装步骤见表5-2。

表5-2 转向变光开关的安装步骤

实施步骤	图示	要点解读	使用工具
步骤1		装上转向柱上端护罩	常用工具、螺丝刀

项目五　汽车电气系统的拆装

续表

实施步骤	图示	要点解读	使用工具
步骤2		装上组合开关	常用工具、螺丝刀
步骤3		拧紧组合开关紧固螺钉	常用工具、螺丝刀
步骤4		连接组合开关线束	常用工具、螺丝刀
步骤5		将转向盘装上转向柱固定端，然后拧紧紧固螺母	常用工具、螺丝刀

续表

实施步骤	图示	要点解读	使用工具
步骤6		安装安全气囊	常用工具、螺丝刀

2. 分配任务

每10人一组,每组选出一名负责人,负责人对小组任务进行分配。组员按负责人要求完成相关任务内容,并将自己所在小组及个人任务内容填入表5-3中。

表5-3 任务决策表

序号	小组任务	个人任务	负责人
1			
2			
3			
4			
5			
6			
7			
8			
9			
10			

3. 制订计划

根据任务内容制订拆卸计划，简要说明任务实施过程及注意事项，并填入表5－4中。

表 5－4　任务计划表

车型：		工作内容：	
序号	工作步骤	工具/辅具	注意事项
1			
2			
3			
4			
5			
6			
7			
8			

5.1.5　检测评价

转向变光开关的拆装考核与成绩评定见表5－5。

表 5－5　转向变光开关的拆装考核与成绩评定

序号	考核内容	配分	评分标准	得分
1	正确使用工具、仪器	20	操作不当每次扣2分	
2	拆卸转向灯开关	30	操作不当每次扣5分	
3	安装转向灯开关	30	操作不当每次扣5分	
4	实训场地5S规范，安全用电，防火，无人身、设备事故	20	因操作不当发生重大事故，此次实训按0分计	
分数总计		100		

5.1.6 学习心得

形式：总结
时间：10 min
记录：

任务 5.2　仪表总成的拆装

5.2.1　任务引入

在拆卸仪表总成的过程中应该注意什么？明确主要任务，说明生产过程和工艺过程，学习基本原理知识，熟悉规范的操作流程，掌握组合仪表拆装的基本技能。

5.2.2　任务目的

1. 职业目标

（1）学会仪表板系统的正确拆装顺序。
（2）掌握其拆装的技术要求，能够进行常规的维修和更换工作。
（3）车身电控系统装配能够达到中级汽车装调工水平。

2. 素质目标

（1）培养学生的家国情怀及爱岗敬业、脚踏实地、精益求精的工匠精神。
（2）培养学生树立正确的价值观，并提高学生的安全意识及环保意识。
（3）培养学生的沟通与表达能力、团队合作能力，锻炼学生的分工与合作能力，强化合作共赢的意识。

5.2.3　相关知识

不同汽车仪表板的仪表不尽相同，但是一般汽车的常规仪表有车速里程表、转速表、机油压力表、水温表、燃油表、充电表等。现代汽车上，汽车仪表还需要装置稳压器，专门用来稳定仪表电源的电压，抑制波动幅度，以保证汽车仪表的精确性。另外，大部分仪表显示的依据来自传感器，传感装置根据被监测对象的状态变化而改变其电阻值，并通过仪表显示出来。仪表板中最显眼的是车速里程表，它表示汽车的时速，单位是 km/h（千米/小时）。车速里程表实际上由两个表组成，一个是车速表，另一个是里程表。

5.2.4 任务实施

1. 实施步骤

1）拆卸仪表总成

仪表总成的拆卸步骤见表5-6。

表5-6 仪表总成的拆卸步骤

实施步骤	图示	要点解读	使用工具
步骤1		拆下方向盘	常用工具
步骤2		拆下转向柱护罩	常用工具、螺丝刀
步骤3		拆下转向组合开关	常用工具、螺丝刀
步骤4		取出车灯开关	常用工具、螺丝刀

续表

实施步骤	图示	要点解读	使用工具
步骤5		掀开仪表框左右角螺钉装饰盖	常用工具、螺丝刀
步骤6		拧出螺钉	常用工具、螺丝刀
步骤7		拧下组合仪表总成左右紧固螺钉	常用工具、螺丝刀
步骤8	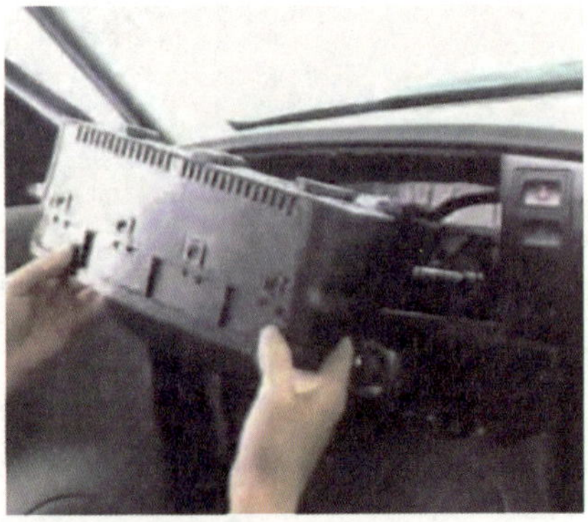	取出组合仪表	常用工具、螺丝刀

续表

实施步骤	图示	要点解读	使用工具
步骤9	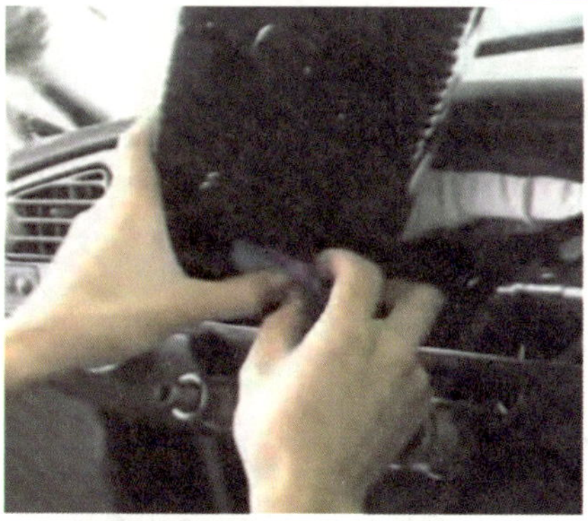	拔下组合仪表	常用工具、螺丝刀
步骤10		从组合仪表后部压出亮度调节器并拔下连接插头	常用工具、螺丝刀
步骤11		取出烟灰缸,拆下烟灰缸安装架	常用工具、螺丝刀
步骤12		拔下烟灰缸照明灯的连接线	常用工具、螺丝刀

续表

实施步骤	图示	要点解读	使用工具
步骤13	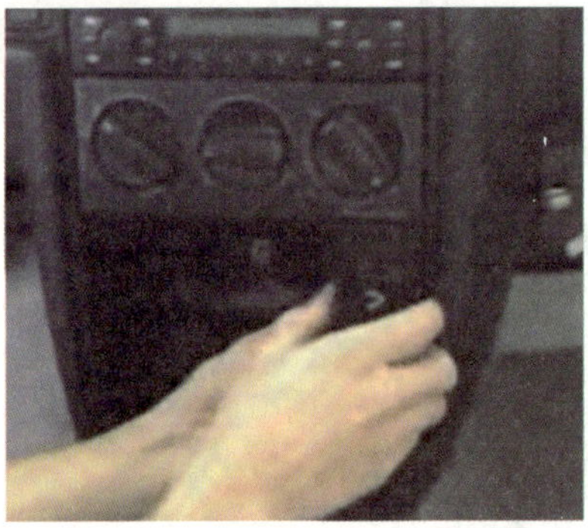	拆下点烟器，并拔下点烟器连接插头	常用工具、螺丝刀
步骤14		卸下空调面板	常用工具、螺丝刀
步骤15		取下多功能开关，并拔下连接插头	常用工具、螺丝刀
步骤16	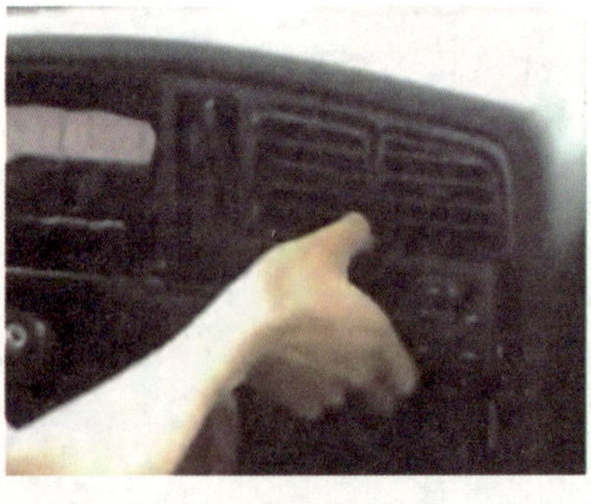	取出音响总成，并拔下其连接线束插头	常用工具、螺丝刀

续表

实施步骤	图示	要点解读	使用工具
步骤17	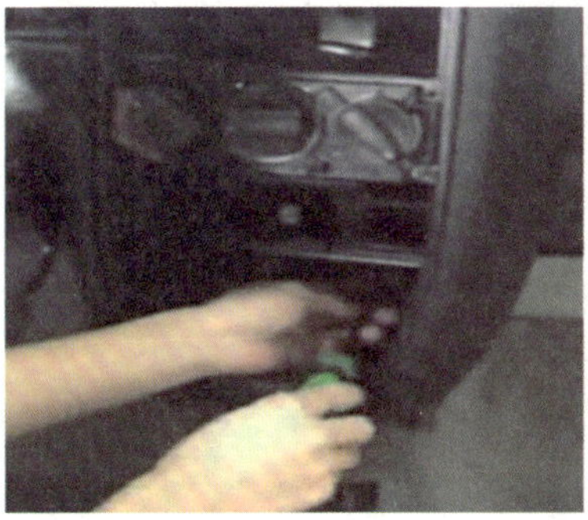	拆下副仪表板的紧固螺钉	常用工具、螺丝刀
步骤18	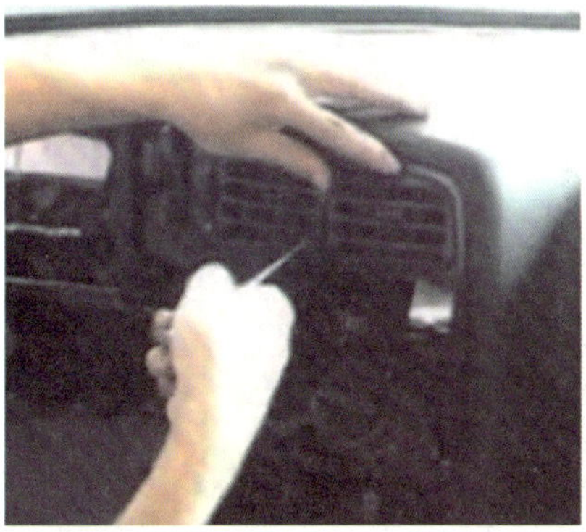	取下空调调节栅	常用工具、螺丝刀
步骤19		取出副仪表板前端	常用工具、螺丝刀
步骤20	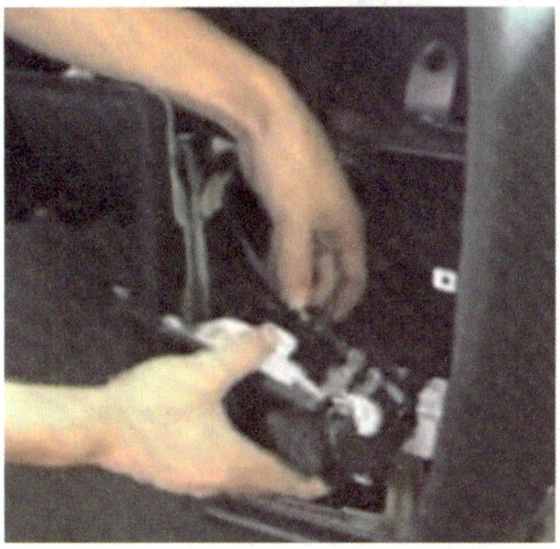	取出空调器操纵总成,并拔下其连接线束	常用工具、螺丝刀

续表

实施步骤	图示	要点解读	使用工具
步骤21	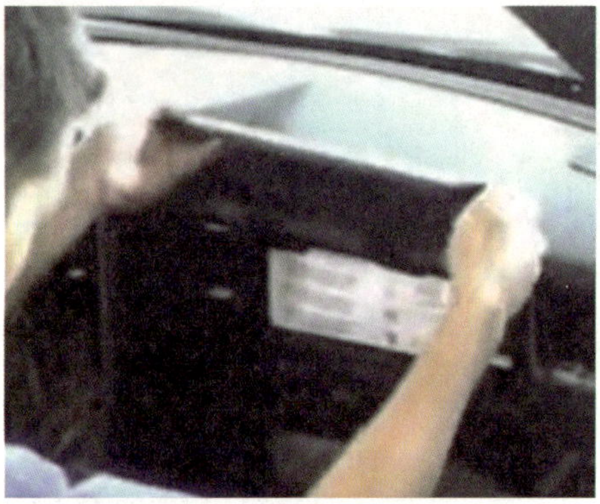	拆下前乘客安全气囊	常用工具、螺丝刀
步骤22	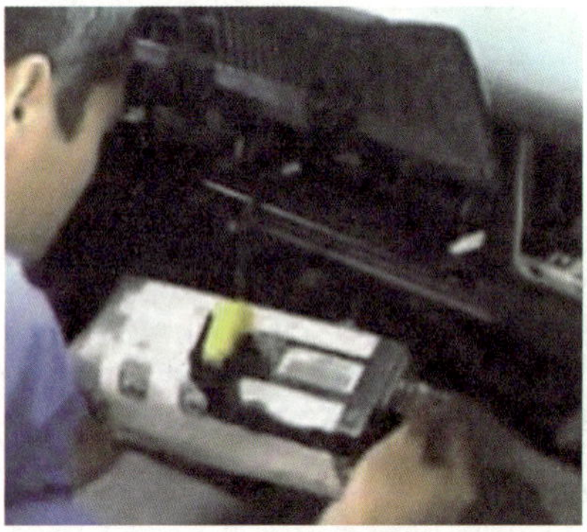	拔下前乘客安全气囊线束	常用工具、螺丝刀
步骤23	 （a） 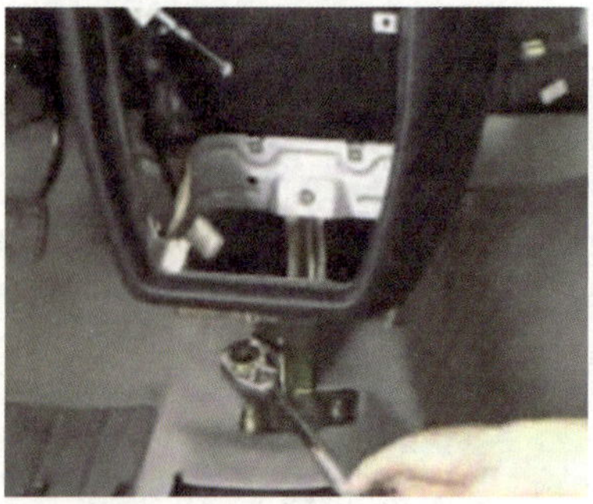 （b）	拆下仪表总成的各处紧固螺钉，断开各连接线束	常用工具、螺丝刀

续表

实施步骤	图示	要点解读	使用工具
步骤24	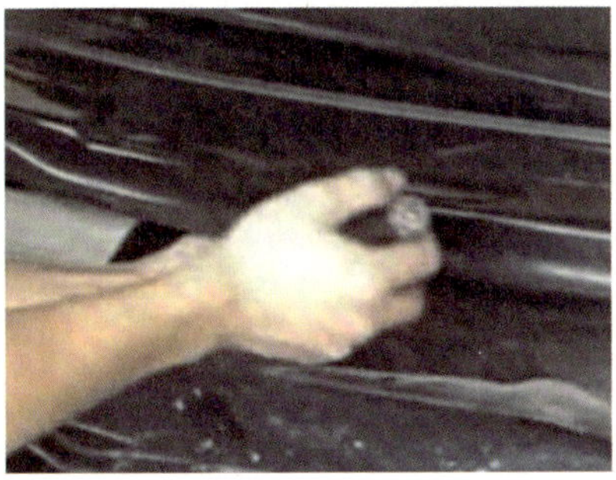	拧下仪表总成位于前车窗流水槽下的紧固螺钉	常用工具、螺丝刀
步骤25		取下仪表总成,并断开仪表线束与台架的连接	常用工具、螺丝刀

2)安装仪表总成

仪表总成的安装步骤见表5-7。

表5-7 仪表总成的安装步骤

实施步骤	图示	要点解读	使用工具
步骤1	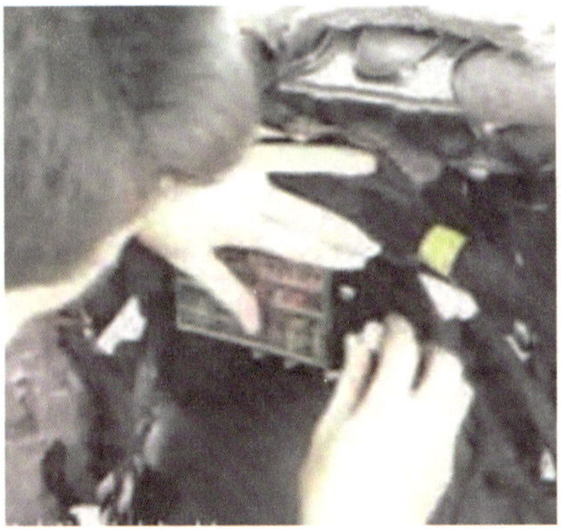	安装保险盒支架	常用工具、螺丝刀

续表

实施步骤	图示	要点解读	使用工具
步骤2	 （a）  （b）	将电气各线路的线束整理好并连接	常用工具、螺丝刀
步骤3	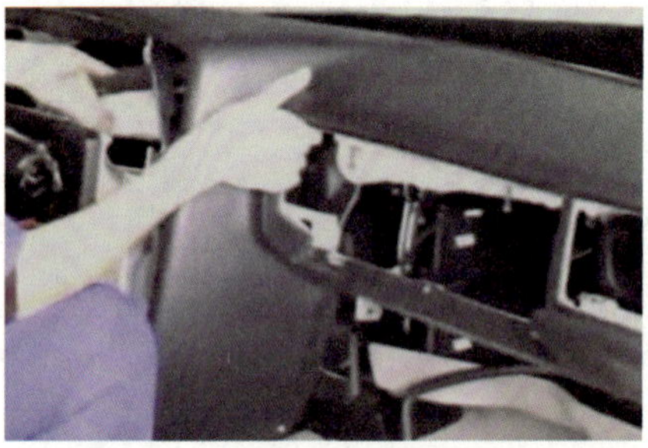	将仪表总成装到仪表台架上，再将各线束整理好后连接	常用工具、螺丝刀
步骤4	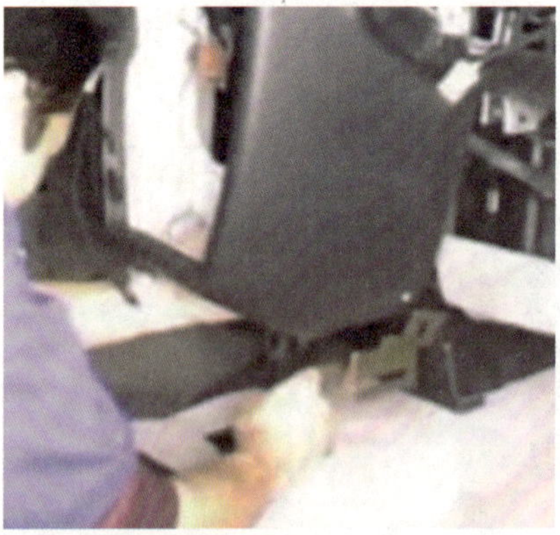	装上仪表架的固定板，拧上紧固螺钉	常用工具、螺丝刀

续表

实施步骤	图示	要点解读	使用工具
步骤 5		安装仪表板流水槽	常用工具、螺丝刀
步骤 6	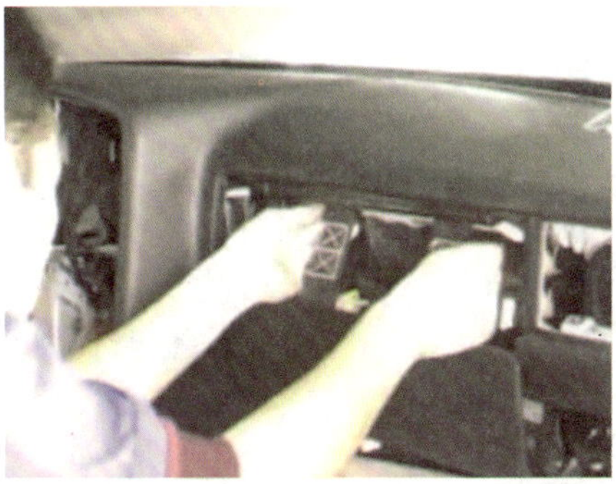	装上前乘客安全气囊	常用工具、螺丝刀
步骤 7	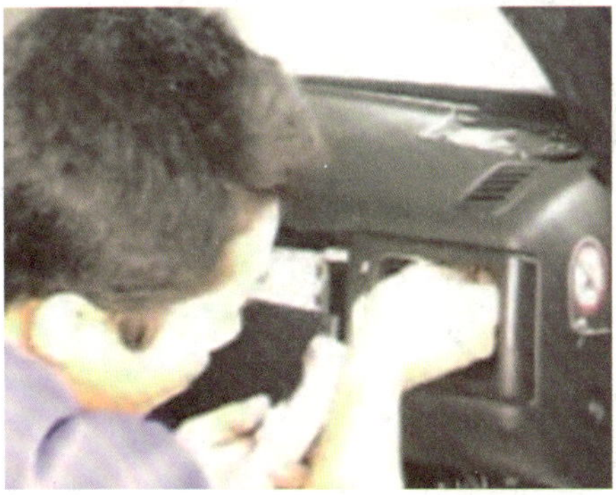	安装空调出风口调节栅	常用工具、螺丝刀
步骤 8	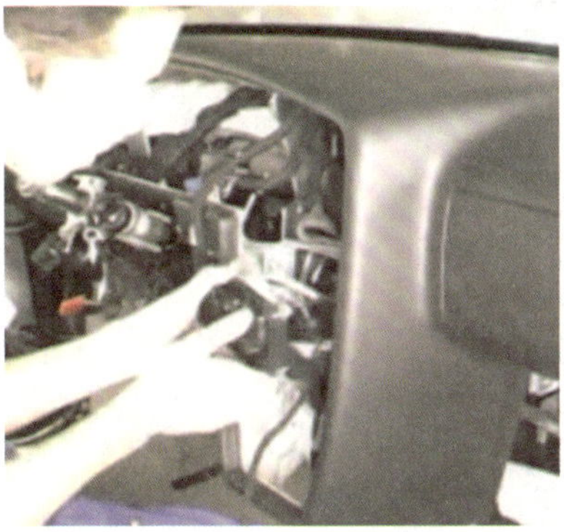	安装空调操纵机构总成	常用工具、螺丝刀

续表

实施步骤	图示	要点解读	使用工具
步骤9	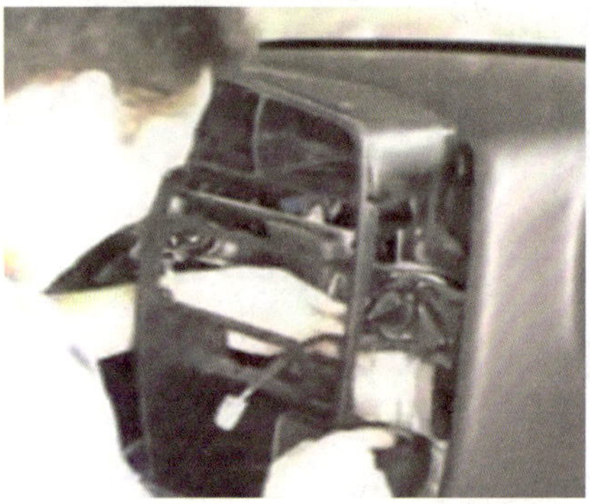	安装副仪表前端	常用工具、螺丝刀
步骤10	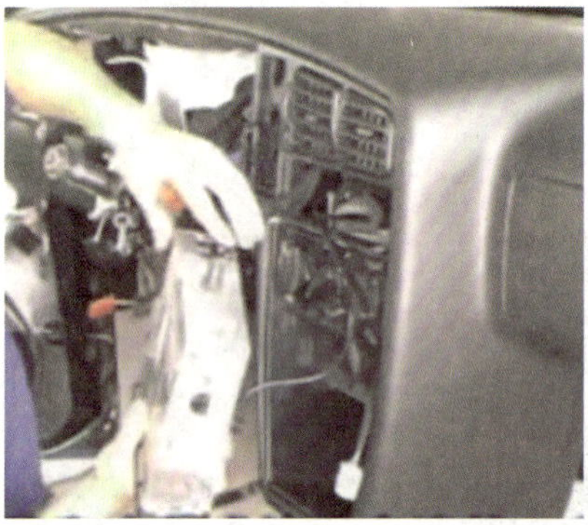	将音响总成的线束连接,并装在固定支架上	常用工具、螺丝刀
步骤11		安装组合开关	常用工具、螺丝刀
步骤12	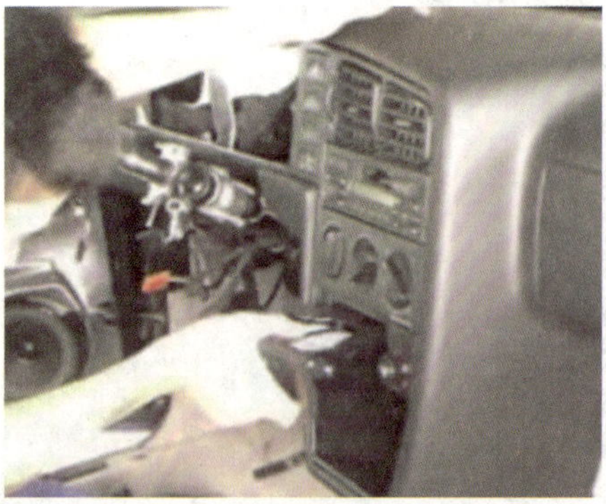	将烟灰缸装在安装架上	常用工具、螺丝刀

续表

实施步骤	图示	要点解读	使用工具
步骤13		将组合仪表线束连接并安装到安装架上	常用工具、螺丝刀
步骤14	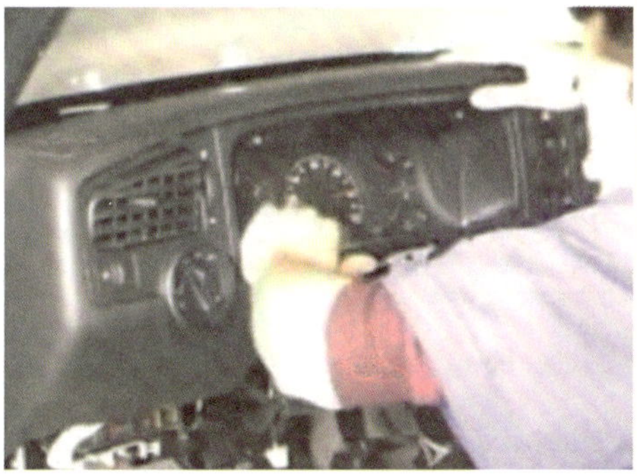	盖上装饰盖	常用工具、螺丝刀
步骤15		安装转向柱护罩和转向组合开关,再拧紧螺钉并将其线束连接	常用工具、螺丝刀
步骤16		装上转向盘,拧紧紧固螺母	常用工具、螺丝刀

2. 分配任务

每 10 人一组,每组选出一名负责人,负责人对小组任务进行分配。组员按负责人要求完成相关任务内容,并将自己所在小组及个人任务内容填入表 5-8 中。

表 5-8 任务决策表

序号	小组任务	个人任务	负责人
1			
2			
3			
4			
5			
6			
7			
8			
9			
10			

3. 制订计划

根据任务内容制订拆卸计划,简要说明任务实施过程及注意事项,并填入表 5-9 中。

表 5-9 任务计划表

车型:		工作内容:	
序号	工作步骤	工具/辅具	注意事项
1			
2			
3			
4			
5			
6			
7			
8			

5.2.5 检测评价

仪表总成的拆装考核与成绩评定见表 5–10。

表 5–10　仪表总成的拆装考核与成绩评定

序号	考核内容	配分	评分标准	得分
1	正确使用工具、仪器	10	操作不当每次扣 2 分	
2	转向盘的拆装	10	操作不当每次扣 2 分	
3	副仪表板的拆装	20	操作不当每次扣 2 分	
4	组合仪表的拆装	10	操作不当每次扣 2 分	
5	前乘客安全气囊的拆装	10	操作不当每次扣 2 分	
6	仪表总成的拆装	20	操作不当每次扣 2 分	
7	实训场地 5S 规范，安全用电，防火，无人身、设备事故	20	因操作不当发生重大事故，此次实训按 0 分计	
分数总计		100		

5.2.6 学习心得

形式：总结
时间：10 min
记录：

参考文献

[1] 董继明,胡勇. 汽车拆装与调整[M]. 北京:机械工业出版社,2010.
[2] 金加龙,詹远武. 现代汽车维护[M]. 北京:电子工业出版社,2011.
[3] 朱芳新. 汽车发动机构造与维修[M]. 南京:江苏教育出版社,2010.
[4] 蔡兴旺,付晓光. 汽车构造与原理实训[M]. 北京:机械工业出版社,2006.
[5] 南长根,张春明. 汽车构造[M]. 南昌:江西高校出版社,2010.
[6] 张朝山. 汽车拆装与调整[M]. 北京:机械工业出版社,2003.
[7] 陈家瑞. 汽车构造[M]. 第2版. 北京:机械工业出版社,2005.
[8] 张士江. 汽车底盘新结构[M]. 北京:高等教育出版社,2006.
[9] 孙五一. 车身检测与校正[M]. 北京:高等教育出版社,2011.
[10] 姜于波. 汽车运用基础[M]. 北京:机械工业出版社,2011.
[11] 张红伟. 汽车自动变速器实训[M]. 北京:高等教育出版社,2007.
[12] 王凤军. 汽车维护与保养实训[M]. 北京:冶金工业出版社,2012.
[13] 詹远武. 汽车拆装实训[M]. 北京:北京大学出版社,2013.
[14] 房颖. 汽车拆装实训[M]. 北京:机械工业出版社,2015.